미움받지 않을 노후생활의 기술

웰컴, 헌드레드

100세 시대! 품위 있고 유쾌하게 살아가기

이 도서의 국립중앙도서관 출판시도서목록(CIP)은 서지정보유통지원시스템 홈페이지(http://seoji.nl.go.kr)와 국가자료공동목록시스템(http://www.nl.go.kr/kolisnet)에서 이용하실 수 있습니다.(CIP제어번호: CIP2017022904)

웰컴, 헌드레드

2017년 9월 12일 초판 1쇄 찍음
2017년 9월 16일 초판 1쇄 펴냄

지은이	임영철
펴낸이	권희선
만든이	정철재 문미라 손지혜
디자인	황지영
펴낸곳	에스에치북스(SHBOOKS)
주 소	서울 관악구 남현1길 10, 2층
전 화	02)874-8830 팩스 02)888-8899
등 록	제320-2006-50호

ⓒ SHBOOKS 2017, Printed in Seoul Korea

ISBN 979-11-866637-00-5 (03810)

*값은 뒤표지에 있습니다.
*파본은 구입하신 서점에서 바꿔드립니다.

미움받지 않을 노후생활의 기술

웰컴, 헌드레드

100세 시대! 품위 있고 유쾌하게 살아가기

임영철 지음

| 프롤로그

아름다운 끝을 선택하라

    1984년 봄, 나는 다니던 직장을 그만두고 아내, 아이 둘과 함께 용감하게 일본 유학길에 올랐다. 그리고 오사카대학에 진학해 사회언어학을 전공했다. 10년이란 유학생활 동안 관찰한 일본이란 나라는 한국과 무척 다른 듯 닮아있었다.

    주말에 아이들을 데리고 슈퍼마켓에 장을 보러 갔을 때가 생각난다. 수박이 4분의 1로 잘려져 있고, 닭도 부위별로 진열되어 있었다. 한국은 그때만 해도 수박은 당연히 한 통, 고기나 채소 등도 한 가족이 모두 먹을 수 있는 넉넉한 양을 기준으로 팔고 있었다.

    "일본 사람들은 소식을 하나 봐요?"

    "글쎄, 일본은 벌써 핵가족화가 진행된 건 아닐까?"

당시엔 나도 막연하게 추측했을 뿐이다. 나중에 알고 보니 일본은 1980년대 중반부터 출산율이 급격하게 떨어지고 고령화가 시작되고 있었다. 그래서 혼자 사는 사람들의 부담을 덜어주기 위해 소포장된 식재료를 팔고 있었다.

유학생인 나에게는 몹시 낯선 풍경이었으나 머지않아 한국에서도 비슷한 풍경을 보게 될 것이란 생각을 했다. 한국 사회가 일본을 닮아가는 현상은 이미 오래전부터 예견되어 오던 것이기 때문이다.

1990년 이래로 일본은 장기 불황에 시달렸다. 이 길고 심각한 경제 위기를 '잃어버린 20년'이라고 부른다. 전문가들은 불황의 여러 원인 중 하나로 '저출산·고령화'를 꼽는다.

그리고 오늘날 한국은 일본의 전철을 밟고 있다는 우려의 목소리가 들려오고 있다. 앞서 많은 전문가가 "한국은 고령화의 무서움을 깨닫고 미리 준비해야 한다."라고 지적했지만 결국 이렇다 할 준비 없이 '늙어가는 대한민국'이 되고 말았다.

오늘날 젊은이들은 청년실업으로 희망을 잃고 중장년층은 노후가 막막하다. 저출산·고령화가 빠르게 진행되고 있으며 이는 저소비·저성장으로 이어져 한국 경제를 짓누르고 있다. 노년층이 늘어나면서 젊은 세대의 부양 부담도 커지고 있다. 세대 갈등도 큰 문제다. 일본이 맞닥뜨렸던 문제들이 어느새 우리 사회의 숙제로 남겨진 것이다.

이런 상황에서 우리는 100세 시대를 맞이했다. 2009년 UN은 '호모 헌드레드 시대'의 개막을 선포했다. 과연 장수는 모두에게 행복한 일이 될 수 있을까? 이 책은 이런 질문에서부터 시작되었다.

스페인 철학자 발타자르 그라시안은 말했다.
"아름다운 시작보다 아름다운 끝을 선택하라."
인생의 시작은 내 몫이 아니었지만 끝은 나의 선택에 달려 있다.
그렇다면 100세 시대를 잘 살고 아름다운 마무리를 하기 위해 우리가 준비해야 할 것은 무엇일까?

이 책에는 100세 시대를 맞아 변화하는 인간관계에 적응하는 법, '하류노인'이 되지 않고 안정된 노후를 준비하는 법, 은퇴 후 남은 시간을 효과적으로 관리하는 법, 각자의 가치와 목적에 맞게 웰다잉을 준비하는 법까지 호모 헌드레드들의 노후를 위한 삶의 지침들이 담겨 있다.

또 졸혼, 황혼이혼, 폭주노인, 고독사, 재택임종, 연명치료 등 장수시대의 핫이슈들을 우리가 타산지석으로 삼아야 할 일본의 사례와 함께 살펴봄으로써 미래를 준비할 기회를 갖도록 한다.

이 책은 이 시대의 모든 호모 헌드레드들의 이야기다. 100세 시대의 두려움과 설렘을 동시에 떠안은 우리가 이 책을 통해 장수 리스크를 줄이고 품위 있고 유쾌하게 나이 드는 기술을 습득하는 계기가 된다면 정말 기쁘겠다. 그리고 희망에 찬 얼굴로 100세 시대를 향해 "웰컴, 헌드레드!"를 외치게 될 수 있기를 바란다.

 어려운 출판 환경에도 출판을 흔쾌히 허락해 주신 SHBOOKS 출판사 여러분께 이 자리를 빌려 감사의 마음을 전하고자 한다. 끝으로 이 책의 출판과 함께 이 세상에 태어난 사랑스러운 손자, 그리고 집필하는 동안 끝까지 지켜봐 준 가족들에게도 감사를 표하고 싶다.

2017년 9월
WH이문화연구소에서
熊湖 임영철 적음

목차

프롤로그_아름다운 끝을 선택하라 ·················· 4

1장 나는 유쾌한 장례식을 꿈꾼다

- 내 장례식에는 비틀스가 흐르고 ·················· 15
- 100살까지 살 준비가 되었는가 ·················· 18
- 잘 쓰인 인생은 행복한 죽음을 가져온다 ·················· 23

2장 호모 헌드레드 시대의 새로운 관계 맺기

- 젖은 낙엽처럼 아내의 치마폭을 붙들고 ·················· 29

  "당신 어디 갈 데 없어?"
  은퇴역 플랫폼에서
  미움받지 않을 남편의 기술

- 결혼에도 계약만료가 필요하다? ·················· 42

  졸혼을 권하는 시대
  결혼을 바꾸는 파격
  차라리 혼자가 편하다는 황혼들
  결혼이란 계약을 지혜롭게 연장하려면

- 로맨스 그레이 ·················· 55

  나는 다른 50~60대들과는 다르다는 생각
  로맨스를 잃지 말자
  세련되고 도회적인 은발의 패셔니스타
  나이가 들었다고 사랑을 모르겠는가
  '이성감'을 도입하자

- 고령화 가족의 라이프스타일 ································ 69
    세상에서 제일 부실한 보험 '자식'
    손주? 오면 좋고 가면 더 좋고

- 100세 시대, 고독을 다루는 새로운 방식 ················ 78
    '좋아요'로 세상과 소통하다
    반려동물부터 반려로봇까지
    친구라는 연금에 가입하라

3장 나이 듦을 예습하다

- 노후라는 미지의 세계를 향해 ···························· 93
    오늘 가장 젊은 당신에게 부여된 리포트
    젊음에 대한 강박을 내려놓자
    문제는 남은 삶의 질이다

- 어른은 인자하고 지혜롭다는 편견 ·······················105
    외로움과 소외감이 폭주노인을 만든다
    긍정적인 마인드를 갖기 위한 자기 암시
    멋진 어른으로 나이 드는 일

- 넥타이를 매고 건넌방으로 출근하다 ····················116
    '공적 자기의식'을 갖자
    명함은 넣어두라
    젊음, 문화와 예술과의 만남을 놓치지 말라

- 어디까지나 지향해야 할 것은 '그레이 신사' ············127
    변화 문맹자가 되지 말자

    불확실성이란 자극을 주라
    '창피 당하고 싶지 않다'는 창피한 생각

- 친구가 늘면 고독과 우울감이 줄어든다 ················137
    빈곤한 인간관계와 고독사의 관계
    여러 장르의 친구를 사귀라
    나이 들어 친구를 사귈 때 지켜야 할 룰

4장 100세까지 느긋하게 탐험하려면

- 장수사회, '하류노인'만은 피하자 ················151
    장수 리스크를 줄이려면
    삶을 다운사이징 하라
    70대 인턴, 인생 이모작을 꿈꾸다

- 건강은 즐겁게 살기 위한 수단이다 ················161
    스트레스 받아 죽겠다?
    건강한 삶의 조건
    오전 6시, 나는 피트니스 센터로 간다

- 인생에 정년퇴직은 없다 ················172
    은퇴 후 남은 35만 시간, 어떻게 쓸 것인가
    사회에 보탬이 되고 싶다는 욕구
    세상을 움직이는 그레이 파워

- 지적활동이 안티에이징이다 ················184
    1년에 책 100권은 어렵겠지만
    슬로 리딩의 미학

- 취미가 힐링이다 ·· 193
  취미의 발굴 포인트는 '재미'
  당신이 취미를 가져야 할 이유

5장 엔딩을 준비하며 삶을 이야기하다

- 100세를 각오하다 ·· 203
  장수시대의 숨은 두 얼굴
  병든 어머니를 모시며 직장에 다니는 평범한 일상
  "요양등급이 나오지 않으면 어쩌죠?"

- 내 유품 정리를 부탁합니다 ······································ 216
  무연사회, 그 쓸쓸함에 대해
  고독력을 키우자
  고독도 '셰어'하면 반으로 줄어든다

- 자연스러운 죽음을 맞이할 권리 ································ 227
  죽음의 질을 생각하다
  품위 있는 죽음

- 생애 마지막 순간을 디자인하다 ································ 236
  삶을 마무리하는 방식
  엔딩노트 이렇게 쓰라
  상실을 받아들이는 우리들의 자세
  내 장례식에 초대합니다

에필로그_ 100세 시대를 위한 생활지침서 ·················· 252
부록 : 엔딩노트 ·· 259

• 1장 •

나는 유쾌한 장례식을 꿈꾼다

#웰컴헌드레드 #유쾌한장례식 #행복한죽음
#100세시대 #고령화사회

나는 장례식이 한 인간의 삶을 정리하는 자리가 될 수 있기를 바랐다. 그동안 노력해온 자신을 격려하고 칭찬하고 추억하는 학교 졸업식처럼 말이다. 그러니 죽음을 떠밀리듯 맞이할 것이 아니라 차근차근 준비하다가 가벼운 마음으로 맞이하자. 일등은 아니지만 최선을 다했기에 받아든 성적표가 부끄럽지 않은 아이처럼 후회 없는 삶을 살자.

하지만 우리 세대는 다르다. 부모를 부양했지만 자신은 자녀들로부터의 부양을 기대할 수 없는 첫 번째 세대다. 또한 장차 초고령 사회를 살게 되고 호모 헌드레드가 될 것으로 기대되는 첫 번째 세대다.

내 장례식에는 비틀스가 흐르고

 5년 전, 지인의 장례식에 참석했을 때의 일이다.
 고인을 향해 하얀 국화꽃 한 송이를 올리고 상주와 마주 보고 절을 했다. 말기 암으로 병원에서 연명치료를 받다 세상을 떠난 고인의 아들은 대학원생이었다. 그의 홍안은 깊은 슬픔에 잠겨 있었다.
 고인의 연명치료를 두고 가족끼리 의견 충돌이 있었다고 했다.
 "마지막 순간은 집에서 맞이하고 싶다. 연명치료를 거부하겠다."
 입버릇처럼 말했던 고인의 뜻은 이루어지지 못했다고 했다. 차가운 병실에서 따뜻한 집을 그리워했을 그를 향한 연민에 가슴 한구석이 아파졌다.
 그 무렵 장례식을 마치고 돌아오는 길에는 늘 마음이 복잡하고 심란했다. 가족과 친구, 동료, 그리고 주변 사람들의 부고를 접하는 일이 잦아질수록 나의 마지막 순간에 대한 생각도 깊어졌다.

나는 집으로 향하던 차를 돌려 가까운 한강공원으로 갔다. 그리고 흐르는 강물을 바라보며 내가 원하는 장례식의 모습을 그려 보았다.

> 외국 영화 속 파티처럼 가족과 친구들이 음식을 나눠 먹고 생전에 내가 좋아했던 비틀스의 음악이 흐른다. 밝게 웃고 있는 내 영정사진 앞에서 눈물짓는 이도 있지만 그것은 회한 때문이 아니라 순수하게 나를 그리워하는 마음에서 나오는 눈물이다.
> "이 사람 후회 없이 살다가니 부디 웃으며 나를 추억해 주길!"
> 나는 사랑하는 사람들에게 이런 유언을 남겼고 그것은 지켜지고 있었다.

그렇게 된다면 얼마나 행복할까?

물론 장례식은 산 자들의 의식이다. 떠나는 사람이 감 놔라 배 놔라 할 수 없다. 하지만 그것이 한 사람의 삶을 마무리 짓는 상징적인 순간이라면 미리 준비하는 것이 좋지 않을까 하는 생각이 머릿속을 맴돌았다.

마지막을 직시할 때 우리는 '어떻게 살 것인가?'에 대해 진지하게 고민하게 된다. 나는 장례식이 한 인간의 삶을 정리하는 자리가 될 수 있기를 바랐다. 그동안 노력해온 자신을 격려하고 칭찬하고 추억하는 학교 졸업식처럼 말이다.

그러니 죽음을 떠밀리듯 맞이할 것이 아니라 차근차근 준비하다가 가벼운 마음으로 맞이하자. 일등은 아니지만 최선을 다했기에 받아든 성적표가 부끄럽지 않은 아이처럼 후회 없는 삶을 살자.

소설가 박완서 씨가 《너무도 쓸쓸한 당신》에서 말했다.

"늙은이 너무 불쌍해 마라. 늙어도 살맛은 여전하단다."

나도 그렇게 인생을 살맛 나게 살다간 사람으로 기억되고 내가 사랑하는 사람들이 나를 웃으며 추억하게 하자.

그런 생각이 들자 삶에 대한 미련이 남지 않도록 잘 살고 싶어졌다. 인생의 마지막 스테이지를 멋지게 장식하겠다는 의욕이 샘솟았다. 그렇다. 나는 유쾌한 장례식을 꿈꾸고 있었다!

그것은 어린 시절 성인이 된 나의 모습을 그려보던 기분과 비슷했다. 또 아내와 연애할 때는 결혼한 모습을, 결혼한 뒤에는 집을 사고 아이들을 키우는 모습을 그려보고 계획을 세우던 때와도 비슷했다. 나이 들었다고 무엇이 다르랴. 노후 역시 기대감과 계획이 필요한 인생의 한 시기일 뿐이다.

100살까지 살 준비가 되었는가

유쾌한 장례식을 맞이하려면 무엇을 어떻게 준비해야 할까?
이 질문과 마주했을 때는 아직 교수로 재직하고 있을 때였다. 나는 한국보다 먼저 고령화 사회를 맞이한 일본인들이 어떻게 노후를 준비하는가에 관심을 갖고 관련 서적을 탐독하기 시작했다. 꽤 많은 책과 자료도 모았다. 그리고 그 과정에서 베이비붐 세대(1955~1963년 출생)와 그 이후 세대의 노후는 과거와 매우 다르다는 점, 그래서 다른 준비가 필요하다는 점을 깨닫게 되었다.

20년 전쯤으로 기억하고 있다. 일본인 교수가 한국에 와서 이런 말을 했다.

"한국 지하철에는 젊은이들이 많이 보이더군요. 일본과 다른 풍경이 신선했습니다."

당시 우리보다 앞서 고령화 사회에 진입한 일본은 노인인구의 비중이 높아 길거리나 대중교통 등에서 젊은이들의 숫자가 비교적 적었다. 그때는 별생각 없이 '그런가?' 하고 대수롭지 않게 넘겼다. 하지만 이제 그 말의 의미가 서늘하게 가슴에 와 닿는다. 지하철을 타보면 현실을 실감할 수 있을 것이다.

최근 그 교수를 모임에서 다시 만나 대화를 나눌 기회가 있었다.

"노인대국이라는 일본의 명성을 이제 한국에 넘겨주어야 할 것 같습니다."

"저도 뉴스를 통해 보았습니다. 대체 어찌 된 일입니까?"

"저출산과 고령화가 심각합니다. 한국은 전 세계에서 가장 빠르게 늙어가고 있습니다."

"고령화의 여파는 개인이 해결할 수 있는 문제가 아니랍니다. 국가적인 차원에서 준비가 잘되고 있습니까?"

그의 마지막 질문에 나는 대답을 할 수 없었다.

장수하는 노인인구 비중이 높아지는 것. 이것이 한국 사회와 개인의 삶에 어떤 변화를 가져올지에 대해 아직 많은 사람들이 깊게 생각하지 않는 것 같다. 나도 그것을 남의 일로만 여기고 있었다. 그러나 통계를 살펴보면 한국의 상황이 얼마나 심각한지 알 수 있다.

고령화 사회에서 고령사회로 진입하는데 걸리는 시간이 프랑스는 115년, 미국이 73년, 일본은 24년이었다. 그런데 한국은 2017년에

'노인대국' 일본보다 빠른 속도인 18년 만에 고령사회에 진입했다. 전 세계가 놀랍도록 빠른 한국의 고령화에 관심을 보이는 것도 이상한 일은 아니다.

1900년대만 해도 한국인의 평균수명은 36세였다. 1970년에는 남자가 58.6세, 여자가 65.5세였다. 그런데 2015년에는 남자 78.5세, 여자 85.1세로 평균수명이 81.8세가 되었다. 단군 이래 한국인의 평균수명이 지금처럼 길었던 적은 없었다.

그뿐만 아니다. 통계청의 '100세 이상 고령자 조사 집계 결과'에 따르면 2015년 11월 현재, 100세 이상의 고령자가 3,159명으로 2010년의 1,835명에 비해 72.2% 증가했다. 남녀 비율을 보면 남자가 428명(13.5%), 여자가 2,731명(86.5%)이다. 이른바 '100세인(centenarian)'이 탄생한 것이다.

그렇다면 인간 수명의 한계는 과연 몇 살일까?

최근 미국 알베르트 아인슈타인 의과대학 연구팀은 흥미로운 연구결과를 내놓았다. 그들이 110세를 넘긴 '슈퍼 100세인(super centenarian)'을 대상으로 조사 분석한 결과 인간 수명의 한계는 115세이며 이미 그 한계치에 도달한 것으로 나타났다.

또 UN 보고서에 따르면 평균수명이 80세를 넘는 국가가 2000년에는 6개국에 불과했지만, 2020년에는 31개국으로 급증할 것으로 예상했다. 그리고 100세의 삶이 보편화한 시대를 '호모 헌드레드(homo hundred) 시대'라 정의했다.

2020년은 바로 코앞으로 다가왔다. 우리 세대는 호모 헌드레드 대열에 들게 될 가능성이 높다. 하지만 100세 이상 사는 게 과연 축복일까? 장수는 모두에게 행복한 삶이 될 수 있을까?

평균수명이 긴 나라가 선진국이며 평화롭고 안정된 사회를 상징한다. 그러나 고령화에 따른 질병, 빈곤, 고독 등에 대처하는 사회·경제적 대책이 고령화 사회의 당면 과제로 떠오르고 있다. 저출산과 고령화가 급속히 진행되면 노인복지 문제와 관련된 여러 가지 현안들이 나타나기 시작한다.

- 죽은 지 한 달 만에 발견된 독거노인
- 치매에 걸린 배우자를 부양하다 함께 자살을 기도한 노인
- 경제적 빈곤으로 죽을 때까지 일해야 하는 노인
- 자신과 가족의 의료비와 부양 문제로 고통받는 노인
- 사회로부터 소외된 무기력한 노인
- 정년퇴직 후 황혼이혼을 당한 노인

조사를 할수록 비극적인 현실과 전망을 보게 되었다. 고령화는 결국 개인의 문제로 귀결되기에 인류의 오랜 소원이었던 장수가 자칫

하면 축복이 아닌 불행이 될 수도 있다.

우리는 흔히 은퇴를 하고 노인이 되면 편안한 삶을 누리게 될 것이라 기대한다. 하지만 그것은 베이비붐 세대 이전의 삶이었다. 그들은 자녀들의 부양을 받았고, 자신이 100세까지 살 것이라고는 생각지도 못했다.

하지만 우리 세대는 다르다. 부모를 부양했지만 자신은 자녀들로부터의 부양을 기대할 수 없는 첫 번째 세대다. 또한 장차 초고령 사회를 살게 되고 호모 헌드레드가 될 것으로 예상되는 첫 번째 세대다.

'100세까지 잘 사는 것, 생각보다 만만치 않은 일이겠구나.'
방법을 고민하며 현실을 냉정하게 들여다볼수록 나의 바람인 유쾌한 장례식을 맞이하기가 쉬운 일이 아니라는 생각이 들었다.

잘 쓰인 인생은 행복한 죽음을 가져온다

2014년 어느 추운 겨울날, 이제는 승려가 된 동료와 마주 앉아 따뜻한 차 한 잔을 나누었을 때의 일이다. 그는 나와 같은 대학에서 근무했던 교수였다. 평소 불교에 관심이 많았던 그는 명예퇴직을 하고 승려가 되어 구도자의 길을 걷고 있다. 산사에서 선승들과 용맹정진하고 있는 그의 얼굴빛은 그 어느 때보다 평안하고 맑았다.

"임 교수도 곧 퇴직하시죠?"

"당장 내년의 일입니다."

"무엇을 하며 지낼 생각이세요? 퇴직한 이후는 늦습니다. 미리 준비해야죠."

자신의 삶을 앞서 계획하고 실천한 이의 여유가 묻어나는 조언이었다. 나는 내가 관심을 두고 정리하고 있는 것들에 관해 이야기했다. 조용히 내 말을 듣고 있던 그가 말했다.

"유쾌한 장례식이라, 멋진 계획입니다. 죽음은 당하는 것이 아니라 능동적으로 준비하고 맞이해야 하는 것이죠. 죽음은 초고령 사회 진입을 앞둔 우리가 모두 한 번쯤 고민해봐야 하는 일입니다. 혹시 고령화 문제에 대한 책을 써볼 생각은 없으십니까?"

"관련 전문가도 아니고 쓸 주제가 못됩니다."

"저는 임 교수가 이 주제에 적임자라는 생각이 드는데요. 이 분야를 전공하진 않았지만 일본의 사회·언어·문화에 정통하신 분 아닙니까? 한국 사회의 일본화는 실로 염려스럽습니다. 하지만 이런 걱정들이 터무니없는 것만은 아니죠. 고령화 문제만 보더라도 과거 일본의 상황이 한국에 그대로 재현되고 있습니다. 전 세계에서 가장 먼저 고령화를 맞이한 일본인들은 그것을 어떻게 맞이하고 또 대처했는가, 이것을 소개한다면 한국 사회가 타산지석으로 삼을 수 있지 않겠습니까?"

나는 그저 인생의 마지막 스테이지를 성실하게 준비하고 싶었을 뿐이다. 한데 듣고 보니 그 말도 일리가 있었다. 자신을 위해 시작한 일이 다른 사람에게 도움이 될 수 있다면, 그 역시 내 삶을 풍요롭고 아름답게 보내는 고마운 기회가 될 것이 아니겠는가. 이후 나는 한국 사회와 일본 사회 모두를 깊은 관심의 눈으로 지켜보며 생각을 정리하기 시작했다.

레오나르도 다 빈치는 말했다.

"잘 보낸 하루가 행복한 잠을 가져오듯이, 잘 쓰인 인생은 행복한 죽음을 가져온다."

세계에서 가장 빠르게 고령사회에 진입한 한국에서 100세까지 인간답게 살기 위한 조건은 무엇일까? 우리는 어떤 마음가짐을 가지고 무엇을 어떻게 준비해야 할까? 질문을 던지고 보니 막막한 기분이 들었다.

하지만 변화하고 있는 한국 사회와 일본의 사례를 살펴보면서 함께 준비해 나간다면 두려운 일만도 아닐 것이다. 일단 희망을 품어 보자. 긍정적인 자세가 중요하다. 내 경우 그것은 유쾌한 장례식으로 상징된다.

우리는 인류가 아직 한 번도 가보지 못한 호모 헌드레드 시대를 향해 달려가고 있다. 인생은 참으로 리허설 없는 연극이 맞는가 보다.

• 2장 •

호모 헌드레드 시대의 새로운 관계 맺기

#호모헌드레드 #젖은낙엽족 #로맨스그레이
#70대유튜버 #황혼이혼 #졸혼

이윽고 은퇴를 맞이한 남편은 아내와 해외여행도 가고 취미생활도 함께 한다. 그동안의 소홀함을 만회하려는 듯 많은 시간을 함께 보낸다. 하지만 스스로 좋은 남편이 된 듯 뿌듯해하던 어느 날 청천벽력 같은 말을 듣게 된다. 아내가 약간 미안한 얼굴로 이렇게 말하는 것이다. "당신 어디 갈 데 없어?"

'검은 머리 파뿌리 될 때까지' 함께 부대끼며 사는 것을 미덕으로 여겼던 부부는 왜 '졸혼'과 같은 변화를 맞이하게 되었을까? 그것은 우리가 과거와 비교할 수 없이 오래 살게 되었기 때문이다. '결혼이라는 계약이 70년이나 유지될 수 있을까'에 대한 의문이 시작된 것도 이상한 일은 아니다.

젖은 낙엽처럼 아내의 치마폭을 붙들고

"당신 어디 갈 데 없어?"

내가 아는 일본인 중에 대학에서 정년퇴직하고 도쿄로 이사한 교수님이 계시다. 현직에 있을 때는 출근을 하고 주변에 동료나 친구들이 있어서 집보다 밖에 있는 시간이 많았다. 그런데 30년 만에 도쿄로 다시 돌아온 뒤로는 마땅히 갈 곳이 없어서 거의 집에만 머물렀다. 나와 차를 마시던 날은 꽤 오랜만의 외출이라고 했다.

"요즘 아내가 자꾸 밖에 나갈 일이 없냐고 물어와 난감할 때가 많아요."

"편하게 시간을 보낼 곳을 찾으실 때가 왔네요."

"그렇죠. 매일 2~3시간 정도 쾌적하게 차를 마시면서 책을 볼 수 있는 곳이면 좋겠어요. 왔다 갔다 하면 운동도 되고 생각도 가다듬을 겸 집에서 한 정거장 정도 떨어진 곳이 적당할 듯해요."

일본에서 아지트는 주로 찻집이나 이자카야(선술집), 도서관, 서점, 장기나 바둑을 두는 기원 등을 말한다. '어떤 요일 몇 시에 어딜 가면 임영철을 만날 수 있다.'라고 한다면 그곳이 바로 나의 아지트인 셈이다.

일본에는 비교적 나이가 든 사람들을 상대로 하는 찻집이 꽤 있다. 가장 유명한 곳이 프랑스 인상파 화가인 르누아르의 이름을 따온 '르누아르'라는 찻집이다. 만약 누군가 르누아르에서 만나자고 한다면 그 사람의 연령대를 짐작할 수 있다. 나도 그 찻집에 몇 번 가 보았는데 조용한 음악이 흐르고 의자도 안락한 편이다. 그래서인지 졸고 있는 사람을 꽤 볼 수 있다.

은퇴 후 남편들이 하고 싶은 일은 아지트에서 무료하게 시간을 보내는 것이 아니다.

2013년 일본의 한 조사에 따르면 '은퇴 후 아내와 함께 하고 싶은 일이 무엇이냐?'라는 설문에 남편의 85%가 '부부간의 여행'이라고 답했다. 반면 아내의 85%는 '친구나 딸과의 여행'이라고 답했다. 남편과 아내의 답이 이토록 다를 수 있을까? 남편들의 생각은 헛바퀴만 돌고 있나 보다.

은퇴 시기가 다가오면 남자들은 가족들에게 미안해진다. 직장생활을 하는 동안은 삶의 중심이 회사였고 가정에 신경 쓸 겨를이 없었기 때문이다. 남편 노릇, 아빠 노릇을 제대로 못한 것 같아 미안하지만 그래도 가장의 책임은 다했다. 은퇴를 앞둔 남자들은 '이제부터 아내에게 잘 해주어야지', '자식들과 더 많은 시간을 보내야지.' 하고 다짐한다.

이윽고 은퇴를 맞이한 남편은 아내와 해외여행도 가고 취미생활도 함께 한다. 그동안의 소홀함을 만회하려는 듯 많은 시간을 함께 보낸다. 하지만 스스로 좋은 남편이 된 듯 뿌듯해하던 어느 날 청천벽력 같은 말을 듣게 된다. 아내가 약간 미안한 얼굴로 이렇게 말하는 것이다.

"당신 어디 갈 데 없어?"

은퇴 후 아내에게 잘 해주어야겠다는 것은 남편들의 시대착오적인 생각일지도 모른다. 남편이 '아내에게 잘 해주어야지, 많은 시간을 함께 보내야지' 하고 생각하는 반면, 아내는 남편이 집을 비우고 밖으로 나가는 편이 더 좋다고 생각한다. 은퇴 후 남편이 집에 머무는 시간이 늘어날수록 아내의 스트레스 지수가 상승한다는 조사 결과도 있다.

결혼해서 20~30년이라는 세월이 흐르면 좋든 싫든 서로에게 공기 같은 존재가 된다. 애정이 없는 것은 아니지만 별다른 대화 없이 지내고 굳이 말로 표현하지 않아도 통한다.

부부는 '거시기'만으로도 의미가 통하는 이심전심의 세계다. 남편이 회사의 부속품으로 일에 파묻혀 사는 동안 아내는 남편 없는 생활에 익숙해지고 거기에서 두 사람의 갭이 발생한다.

아내들은 이구동성으로 말한다.

"남편이 집에 가만히 앉아서 리모컨만 돌리고 있으면 갑갑해 죽겠어요. 삼시 세끼 밥 차려줄 일을 생각하면 우울하고 스트레스가 쌓여요. 또 청소가 제대로 안 되어서 더럽다, 유통기한이 지난 음식이 냉장고에 있다고 잔소리를 하고 간섭도 심해졌어요."

아내들의 불만 토로에 남편들은 당황한다. 항상 곁에 있어줄 거라 믿었던 아내가 자신과 함께 하는 생활에 거부반응을 나타내기 시작했기 때문이다. 어딜 가든 남편이 아닌 다른 사람들과 가는 편이 훨씬 재밌고 좋다고 한다. 이러다 보니 가정에서 남편이 설 자리가 점점 사라진다.

평생 가족을 위해 노력한 남편으로서는 기가 막힐 노릇일 것이다. 하지만 아내에게는 아내만의 라이프스타일이 있다는 사실을 받아들여야 한다. 그리고 남편들도 자신만의 생활을 추구해야 한다.

아지트를 만들어 정기적으로 외출하는 것도 좋은 방법이다. 그렇지 않으면 은퇴 후 젖은 낙엽처럼 아내에게 딱 붙어 떨어지지 않는 '젖은 낙엽족' 신세를 면치 못할 것이다.

은퇴역 플랫폼에서

은퇴 후 남편이 가장 먼저 부딪히는 세계는 아내다. 아내와 여행도 가고 맛있는 것도 먹으러 다니며 편하게 지내고 싶다는 남자들의 단순한 바람은 몇 달이 채 지나지 않아 서서히 부서지기 시작한다.

많은 사람들이 은퇴 후 아내를 비롯한 주변 사람들과의 관계에서 겪게 될 변화를 맞이할 준비가 되어 있지 않다는 것이다. 자신의 심리적인 변화, 경제적인 변화에 대해서도 마찬가지다.

남의 일처럼 느껴지던 은퇴라는 실체는 어느 날 눈앞에 당면한 현실이 된다. 주택 대출금을 갚고 자식들을 공부시키고 결혼시키고 나니 정작 자기의 노후 준비는 하지 못한 경우가 허다하다.

삼성생명은퇴연구소가 발간한 '한국인의 은퇴 준비 2016'에 따르면 한국인의 은퇴 준비 지수는 '주의(50~70점 미만)'에 해당하는 56점이었다. 비은퇴 가구의 12%는 국민연금, 퇴직연금, 개인연금 중 어느 것 하나에도 가입하지 않은 것으로 나타났고, 은퇴를 대비해서 정기적으로 저축하는 비은퇴자 비율은 49%에 그쳤다.

요즘 주변 사람들의 말을 들어보면 40대도 은퇴 앞에서 자유롭지 못하다고 한다. 이제 직장생활을 갓 10년 정도 한 이들이 벌써 은퇴하거나 창업을 하는 일도 심심치 않게 볼 수 있다. 장기적인 관점에서 은퇴를 준비해야한다는 말에는 다들 동의하지만 사는 게 팍팍하다 보니 그게 말처럼 쉽지 않은 듯하다.

'에라 나도 모르겠다. 어떻게든 되겠지.'

많은 사람들이 이런 막연한 심정으로 은퇴를 맞이한다.

문제는 한국의 은퇴 환경이 과거와는 크게 달라졌다는 점이다. 베이비붐 이전 세대는 고금리, 고성장의 환경에서 은퇴를 맞이했다. 반면 베이비붐 세대와 그 이후 세대의 상황은 모든 면에서 열악하다.

과거에는 부동산의 가치도 컸고 부모를 부양해줄 자녀도 많았다. 또 기대수명이 그리 길지 않아 병원비라든가 연금 걱정도 하지 않았다. 하지만 현 은퇴자들은 자녀들의 부양을 기대할 수 없고 기대수명은 100세를 바라본다. 그러다 보니 은퇴 이후에도 30~40년은 더 살아가야 한다. 당연히 의료비 부담이 급증하고 나이가 들어도 쉬지 못하고 경제수명을 연장하기 위해 일해야 하거나 연금에 대한 필요성이 커졌다.

그리고 비은퇴자의 84%가 퇴직 후에도 '계속 일할 것이다.'라고 응답했고, 은퇴자의 57%도 '계속 일을 하고 싶다.'라고 답했다. 계속 일을 하길 원하는 주된 이유는 '생계유지'(42%)였다. 노후 준비가 충실하지 못한 호모 헌드레드들은 평생 현역으로 살아가야 할지도 모른다.

한국보다 앞서 단카이 세대(1947~1949년 출생)의 은퇴를 맞이한 일본에서는 은퇴 이후의 생활에 대비하기 위한 책들이 많이 출간되고 있다. 건강, 노후생활자금, 연금, 가족관계, 친구, 취미생활, 지적활동, 사별 후의 삶, 죽음 등 인생의 걱정스러운 부분을 미리 준비하자는 경향이 강하다.

일본에서도 '하류노인' 등 가난한 노인들로 인한 사회문제가 야기되고 있지만 한국보다 연금제도가 상대적으로 빨리 도입되어 경제적으로 안정된 편이다. 그래서 우리보다 유유자적한 노후를 보낸다.

한국은 '할빠', '할마'라고 해서 조부모가 손주를 대신 돌보느라 자기 시간을 갖기 어렵다. 반면 일본에서는 손주를 돌본다는 개념이 거의 없다. 결혼 이후에는 부모와 자식 간이라도 서로에게 폐를 끼치지 않으려고 노력한다. 한국인의 시선으로 볼 때 상당히 냉정해 보이는 관계다. 하지만 노후 준비도 제대로 못 한 채 자녀에게 모든 걸 내어주고 파산 상태에 이르러 하류노인이 되지 않으려면 가장 가까운 관계부터 되짚어가며 준비해야 하지 않을까?

은퇴역에 도착하기 전에 생각해 보아야 할 것들이 참 많다. 냉정한 말이지만 이미 도착하고 나면 늦어버릴지 모른다. 시간이 지날수록 도전 가능한 선택지는 줄어들고, 마음의 준비 없이 변화에 맞닥뜨리면 좌절하게 될 확률이 높다. 그러니 너무 늦지 않도록 미리미리 준비하자. 호모 헌드레드의 대열에 낀 것이 축복이 될지, 재앙이 될지는 전적으로 내가 어떻게 준비하느냐에 달려 있다.

미움받지 않을 남편의 기술

개인차가 있기 때문에 한마디로 정의하기는 어렵겠지만 일본인 가운데는 은퇴 이후에 소바우치(메밀을 빚어서 만든 음식)를 배우는 것을 남성의 로망으로 여기는 이들이 의외로 많은 것 같다.

내가 일본에서 유학하던 시절에도 남자들을 위한 요리 프로그램이 있었다. 게다가 콕 집어 독신자를 위한 프로그램이었다. 혼자 사는 남자가 간단하게 해먹을 수 있는 요리라든가, 갑자기 손님이 찾아왔을 때 준비할 수 있는 요리가 주로 방송되었다.

지금도 이런 스타일의 프로그램이 많이 방영되고 있다. 또 동네 슈퍼마켓에 가면 자전거를 타고 장을 보러 오는 중노년층의 남자들을 흔히 볼 수 있다.

일본에서는 라면, 계란 후라이 말고 할 줄 아는 요리가 있어야 젖은 낙엽족 취급을 받지 않는다. 최소한 밥은 지을 줄 알아야 한다. 나 역시 카레나 파스타 정도는 손쉽게 만들 수 있다. 가끔 아들과 며느리들이 손주들과 함께 집에 방문할 때 이 메뉴를 내놓는다. 며느리들의 '엄지 척'이 진심인지는 모르겠지만 반응은 좋은 편이다.

일에 쫓기며 사느라 아무런 준비도 하지 못한 채 은퇴를 맞이한 사람의 삶은 괴롭기만 하다. 능동적으로 즐겁게 은퇴 이후의 삶을 살아가려면 우선 삶의 동반자인 아내와의 2인 3각 경기를 잘 치를 준비를 해야 한다. 스스로 먹을 밥을 짓는 것은 별 것 아닌 작은 일이지만 주체적으로 아내에게 의존하지 않고 노후를 보내겠다는 작은 다짐이 될 수 있다.

　사람이 치매에 걸리면 즐거운 기억은 남겨두고 괴로운 것부터 순서대로 잊어간다고 한다. 남성 환자들에게 아내의 이름을 물어보면 거의 기억을 하는데, 많은 여성 환자들은 남편의 이름을 기억하지 못한다. 여성 환자들에게 남편이란 즐거운 기억이기보단 괴로운 기억으로 남아 있을 확률이 높다는 것이다. 그러니 '내가 아내를 먹여 살리고 있다.'라는 환상에 사로잡혀 있다면 하루빨리 그것을 버려야 한다.

　최근 황혼이혼이 늘어나고 있다. 여성가족부가 발표한 '통계로 보는 여성의 삶'에 따르면 2016년 총 이혼한 부부 10만730쌍 중에 20년 이상 함께 한 부부의 황혼이혼 비중이 30.4%로 가장 높았다. 함께 힘을 합쳐 노후를 준비하기도 바쁜데 서로 등을 돌려버리는 것이다.

　그렇다면 은퇴 후에 부부간의 갭을 없애고 원만한 부부관계를 유지하려면 어떻게 해야 할까? 어떻게 하면 미움받지 않는 남편이 될 수 있을까?

　은퇴 이후 '미움받지 않을 남편의 기술'을 알아보자.

첫째, 아내에게 너무 의존하지 말라.

이 말이 좀 야박하게 들릴 수도 있다. 하지만 현역 시절 남편은 일에 바빠 가정에 소홀했고, 아내는 남편과는 다른 라이프스타일에 익숙해진 상태다. 자녀들도 성인이 되어 이제 겨우 무거운 짐으로부터 해방되었다고 생각했는데 은퇴한 남편이 젖은 낙엽처럼 달라붙어 떨어지지 않는다면 아내에게 그것은 참을 수 없는 일이 된다.

그러니 저녁은 함께 먹지만 그 외에는 각자의 시간을 갖는 등 서로의 시간을 존중하고 계획적으로 지내는 것이 좋다. 아내의 자주적인 생활을 존중해야 한다. 아무리 부부라고 해도 각자의 라이프스타일이 다름을 인정하고 아내에게 너무 의존하지 말자. 하루빨리 정신적으로 독립하는 게 모두에게 이롭다.

둘째, 두 그루의 나무처럼 적당한 거리를 두고 살라.

나무가 무성하게 자라기 위해서는 나무와 나무 사이에 적당한 간격이 필요하다. '너무 가까이도, 너무 멀지도 않게'가 은퇴 이후를 살아가는 부부의 적당한 거리다.

"아내는 영원한 대화다."라는 독일의 철학자 니체의 말처럼, 아내는 내 평생의 친구요 신뢰의 파트너다. 어느 정도 거리감을 두는 것이 아내와 오랜 시간을 잘 지낼 수 있는 비결이다.

셋째, 리듬의 차이를 인정하라.

나이 들어감에 따라 생활의 리듬이 조금씩 달라진다. 나이가 들면 리듬의 차이를 극복하기보다는 오히려 의식하고 자기 리듬을 주장하게 된다. 예를 들어 남편은 저녁형 인간인데 아내는 아침형 인간일 수도 있다. 상대의 리듬의 차이를 인정하고 생활하는 것이 부부를 편안하게 한다.

넷째, 아내의 취향을 존중하라.

텔레비전 시청만 해도 그렇다. 과거에는 어느 한쪽이 양보하거나 함께 같은 프로그램을 보는 것이 즐거웠다. 하지만 나이가 들면 자기가 보고 싶은 프로그램을 보고자 한다. 아내는 드라마를 보고 싶은데 남편은 야구가 보고 싶다고 서로 양보하지 않으면 자연스럽게 불만이 쌓인다. 야구가 싫어지면 남편도 싫어질지 모를 일이다. 상대의 취향을 존중하고 양보하기 위해 노력하자.

다섯째, 부부 각자의 공간과 시간을 가져라.

부부는 일상생활에서 각자 자기 의사를 관철하려할 때가 있다. 젊은 시절에는 좋게좋게 넘어가던 일도 나이를 들면 양보하기가 어려워진다. 더 이상 상대에게 자신을 맞추기 싫다는 생각이 들기 때문이다.

최근 주말에 졸혼 가정을 다룬 드라마가 방영되었다. 졸혼이란 마치 학교처럼 결혼을 졸업하는 것을 말한다. 부부가 법적으로는 혼인 관계를 유지하지만 각자 독립적으로 살아가는 것이다.

졸혼까지는 아니더라도 나이가 들수록 상대방을 존중하고 배려하는 자세가 필요하다. 그래서 가능하면 각자의 공간, 시간을 갖는 것이 좋다.

여섯째, 서로 너무 깊이 간섭하지 말라.
"오늘 어디 가? 누구랑 같이 가? 언제 들어와?"
이런 질문은 부부를 숨 막히게 한다. 부부가 아무리 오랫동안 함께 살았다고 해도 일심동체는 아니다. 아내는 아내 나름대로, 남편은 남편 나름대로 각자 구축해 놓은 라이프스타일이 있으니 서로의 프라이버시를 존중하고 너무 깊숙이 간섭하지 말아야 한다.
농담 같지만 노후의 원만한 부부생활의 비결은 '될 수 있으면 함께 하지 않는 것'이라고 생각한다. 24시간 붙어서 얼굴을 마주하다 보면 분명 서로 간섭하고 화를 낼 일이 생기기 때문이다.

일곱째, 상대의 입장에서 공감하라.
커피 애호가인 아내가 특정 브랜드를 선호하고 그것을 구매하는 행위를 즐긴다면 이것은 아내에게 매우 특별한 이벤트이다.

"커피는 다 똑같지 뭐가 달라?"

이렇게 말한다면 아내는 화가 날 것이다. 작지만 소중한 이벤트이자 취향이 남편에게는 '유난'을 부리는 것처럼 비쳤기 때문이다.

만약 남편이 낚시를 좋아해서 시간 날 때마다 낚시를 간다거나 사진 찍는 일에 푹 빠졌다든가 할 때도 마찬가지다. 낚시는 아내들이 싫어하는 남편들의 대표적인 취미 중 하나이지만 존중할 필요가 있다. 그것이 남편에게는 자신이 부릴 수 있는 가장 큰 삶의 여유이자 작은 사치일 수 있기 때문이다.

상대와 나의 다름을 인정하는 아량을 발휘하고, 행동으로 배려를 실천하자. 내게 하찮아 보이더라도 상대에게 소중한 것이라면 소중하게 여겨주고 공감해 보는 것이다. 부부가 함께 삶의 방향성에 공감하며 나아갈 힘은 이렇게 작은 것에서부터 시작된다.

결혼에도 계약만료가 필요하다?

졸혼을 권하는 시대

30여 년 이상 부부생활을 유지해 온 일본인 부부를 알고 있다. 최근 일본에서 남편을 만났을 때 그는 아내와 따로 살게 되었다고 했다. 번역가인 남편 T씨와 전업주부인 아내 H씨는 여느 젊은 부부 못지않게 정다운 사이를 자랑했었다.

2~3년 전 그 부부를 만났을 때도 함께 즐거운 시간을 보냈기 때문에 나는 그들이 따로 살고 있다는 소식에 내심 놀랐다.

"한 달에 한 번은 아내의 일을 도와주기 위해 교토로 갑니다."

이야기를 들어보니 그들은 여전히 혼인 관계를 유지하지만 떨어져 지내며 각자의 생활을 하는 졸혼 부부가 되어 있었다. 벌써 1년 전의 일이며 여전히 서로에게 좋은 감정을 가지고 필요한 일은 돕고 있다고 했다.

평생 남편과 자식들을 돌보며 지낸 H씨는 남은 삶은 자신이 하고 싶던 일을 하며 보내고 싶어 했다. 그리고 젊은 시절 결혼을 하느라 중단했던 섬유 염색을 공부하기 위해 교토로 가기로 결심했다. 반면 번역가인 T씨는 태어나서 평생 살아온 규슈를 떠나고 싶지 않았다. 결국 두 사람은 각자 달라진 삶의 방식을 존중하고 졸혼을 선택했다.

졸혼은 일본 작가 스기야마 유미코(杉山由美子)가 2004년 출간한 《졸혼을 권함(卒婚のススメ)》에서 처음 사용한 단어로, '결혼을 졸업한다.'라는 의미이다. 졸혼은 부부가 서로 간섭하지 않고 자유롭게 살아가지만 법적인 부부관계를 유지한다는 점에서 이혼, 별거와 구별된다.

일본 사회에서도 졸혼은 파격적인 개념이었다. 부부가 틀에 박힌 결혼생활을 졸업하고 각자 독립적인 존재로 살아가는 이 방식은 중년 이후를 살아가는 새로운 삶의 방식이 되었다.

내가 알기로는 현재 일본의 제법 많은 부부가 졸혼을 선택하고 있다. 물론 모든 부부가 집을 따로 얻어 사는 것은 아니다. 같이 지내지만 서로의 라이프스타일을 존중하며 지나치게 간섭하지 않고 사는 것이 일반적이다. 일본인은 본래 부부라도 서로의 프라이버시를 존중하며 친구처럼 지내는 감각이 발달한 편이기도 하다.

한국 사회도 졸혼에 대한 관심이 점점 커지는 추세다. 한 중년 탤런트가 공개적으로 졸혼을 선언해서 화제가 되기도 했다. 2016년 한 결혼 정보회사가 미혼남녀를 대상으로 '졸혼을 어떻게 생각하는가?'에 대해 설문한 결과 57%가 긍정적이라는 답을 했다.

졸혼을 결심하게 될 것 같은 이유로는 '결혼생활 동안 하지 못한 것을 노후에라도 하고 싶어서'가 57%로 가장 높았다. 그 뒤를 이어 '배우자의 간섭을 피하기 위해', '사랑이 식은 상태로 결혼생활을 유지할 것 같아서' 등이 꼽혔다.

인생의 후반기에도 삶은 계속되어야 한다. 그런 의미에서 결혼을 앞둔 부부든 현재 함께 살고 있는 부부든 졸혼이 갖는 의미에 대해 한 번쯤은 생각해볼 일이다.

나도 아내와 졸혼에 대한 이야기를 나눈 적이 있다.
"당신이 외출하더라도 어딜 가냐고 지나치게 묻지 않을게요."
"그것 참 감사한 일이네요."
"그러니 당신도 내가 예쁜 여교수님 만나러 간다 하더라도 무얼 하러 가는지 꼬치꼬치 묻지 말아요."

농담 반 진담 반으로 웃으며 대화를 나누었지만 우리 부부는 대체로 상대의 프라이버시를 존중하는 편이다. 나는 부부가 함께 살면서 서로의 삶에 지나치게 간섭하지 않고 독립적인 방식으로 살아간다는 의미에선 졸혼에 찬성한다.

아내가 유난히 차려입고 나가더라도 누굴 만나는지 캐묻지 않고 돈을 어디에 썼는지도 묻고 싶지 않다. 아내도 내가 음악회를 누구와 가는지, 함께 모임을 한 여자가 누구인지 묻지 않았으면 한다. 우리 부부가 받아들이고 실천하는 졸혼의 방식은 이 정도이고, 나는 이것에 만족하며 살아가고 있다.

물론 이런 생활방식은 상호 존중과 배려를 기반으로 한다고 생각한다. 나는 친구들과 만날 때에도 식사 시간 무렵이 되면 꼭 아내에게 전화를 한다.

"오늘은 밖에서 저녁 먹고 10시쯤 들어갈게."

"곧 들어가. 저녁은 집에 가서 먹을게."

이런 나를 졸장부처럼 보는 친구들도 있지만 밥을 해놓고 나를 기다렸는데 안 온다면 얼마나 성질이 나겠는가? 아내에게도 아내의 생활이 있는데 나 때문에 그 시간을 망치게 해서는 안 된다.

은퇴한 많은 일본인 부부들의 생활을 지켜보면 대단히 쿨하다. 남편은 먹고 싶은 것이 있으면 편의점에 가서 자신이 먹을 것을 산다. 또 아내가 안방에서 텔레비전을 보면 남편은 자신의 방에서 하고 싶은 일을 하며 시간을 보낸다.

젊었을 적 일본에서 10년 이상 살아서 일본인의 감각이 어느 정도 몸에 배어 있지만 뼛속까지 한국인인 나는 그렇게까지 쿨할 자신은 없다. 하지만 은퇴 이후의 부부생활은 어느 정도 쿨해질 필요가 있다는 생각에는 적극적으로 동의한다.

결혼을 바꾸는 파격

검은 머리 파뿌리 될 때까지 함께 부대끼며 사는 것을 미덕으로 여겼던 부부는 왜 졸혼과 같은 변화를 맞이하게 되었을까? 그것은 우리가 과거와 비교할 수 없이 오래 살게 되었기 때문이다.

평균수명이 약 70세인 세대는 부부가 함께 살 수 있는 시간이 40~50년 정도였다. 하지만 현세대는 100세를 내다보고 있다. 은퇴한 뒤에도 30~40년은 더 함께 살아야 한다. 평균 30세에 결혼을 한다고 치면 부부가 함께 살아가야 할 시간은 70년이 된다. '결혼이라는 계약이 70년이나 유지될 수 있을까?'에 대한 의문이 시작된 것도 이상한 일은 아니다.

교수로 재직하다 출가한 나의 동료는 본래 불교에 관심이 많았고 은퇴 후에는 출가하여 스님으로 제2의 인생을 살고 싶어 했다. 많은 은퇴자가 '앞으로 남은 세월을 무엇을 하며 지낼까?'에 대한 고민을 한다. 그래서 그와 같은 선택을 하는 이들도 늘어나는 것이다. 이런 추세 때문인지 최근 대한불교 조계종에서는 은퇴출가특별법을 시행하고 있다.

나는 동료 교수가 꽤 오래전부터 출가 준비를 하는 것을 지켜보았다. 그는 아내의 동의를 충분히 구하고, 자신이 없어도 어려움을 겪지 않도록 연금을 비롯한 경제적인 기반을 마련해 두었다.

그들 부부는 이런 변화를 졸혼의 개념으로 생각하고 있지는 않았지만, 부부 한 사람의 삶의 목적을 위해 결혼생활에 파격적인 변화를 감행한 것은 분명했다. 어쨌거나 그들은 지금도 서로를 신뢰할 수 있는 삶의 파트너로 여기고 있다.

은퇴 이후에도 30~40년은 더 살아가야 하는 호모 헌드레드들은 어떻게 살아가야 하는지에 대한 고민이 깊다. 그래서 부부가 서로 의존하던 삶의 방식에서 벗어나 자신의 인생 후반기를 주도적으로 이끌어 나가길 원한다. 부부 각자 원하는 삶의 방식이 달라지면 필요에 따라 떨어져 살기도 한다.

내 주변의 젊은 세대들은 졸혼에 대해 어떻게 생각하는지 궁금하여 출판사 식구들과 대화의 장을 연 적이 있다. 결혼 13년 차의 40대 초반 여성편집자는 졸혼이 아직 가깝게 받아들여지진 않는다고 했다. 또 현실적으로 부부가 각자의 공간을 얻어 사는 것은 어려운 일이며, 그와 같은 방식의 삶을 선택한 부부는 트렌드에 너무 민감한 것이 아니냐며 웃었다.

나 역시 편집자의 말에 동의했다. 졸혼은 갑갑한 결혼으로부터 도망치는 수단이 아니며, 유행처럼 받아들일 성격의 일도 아니다. 졸혼은 다시 한번 진정한 나로 살아가기 위해 결혼에 파격적인 변화를 주는 것이다. 그러므로 '어떻게 살 것인가?'에 대한 진지한 고민이 선행되어야 한다.

나의 동료 교수처럼 승려가 되기로 결심했거나, 일본인 H씨처럼 젊은 시절 하고 싶었던 공부를 하기 위해서라든가, 원하는 것이 명확해야 하고 부부가 함께 이 문제를 깊이 논의해야 한다.

절대 충동적으로 졸혼을 선택하지 말자. 특히 나처럼 나이 많은 남자들에게 그 선택은 치명적일 수 있다. 아내에게 아직 신세를 져서 미안한 마음이지만 식사와 빨래, 청소 등은 여전히 잘할 자신이 없고 아내의 도움이 절실하다.

차라리 혼자가 편하다는 황혼들

한국 사회는 얼마 전까지만 해도 혼자 밥 먹고(혼밥), 혼자 술 마시고(혼술), 혼자 휴가를 보내는(혼휴) 등 혼자 노는 것을 부자연스럽고 비정상적인 행위로 바라보는 시각이 지배적이었다. 그러나 요즘은 익숙한 삶의 형태로 받아들여지고 있다.

이른바 '욜로(YOLO)족'이 대표적이다. 욜로는 'You Only Live Once(한 번뿐인 인생)'의 약자로 자격보다는 자기만족, 미래보다는 현재를 우선시하는 소비성향을 의미한다.

남의 시선을 신경 쓰지 않는 욜로가 라이프 트렌드로 부상하면서 혼밥, 혼술, 혼휴를 당당하게 즐기는 문화가 더욱 퍼질 것으로 보인다. 이러한 트렌드의 확산은 한국 사회의 1인 가구 증가와도 무관하지 않다. 또 '둘이 함께 있어 불편한 것보다는 차라리 혼자가 낫다.'라는 생각으로 이혼을 결심하는 부부가 많아진 것도 1인 가구 증가의 주요 원인을 차지한다.

국내 1인 가구 비율은 2015년 기준 520만 명으로 전국 총가구 수의 27%에 이를 정도로 과거와 비교해 큰 폭으로 증가했다. 1990년에 5만5,000건이던 이혼 건수가 2014년에는 11만6,000건으로 배 이상 증가했다. 또한 전체 이혼 건수 중 결혼 기간이 20년 이상 된 커플의 황혼이혼 비율이 1990년 5%에 지나지 않던 것이 2014년에는 30%로 증가했다. 많은 부부가 함께이기를 포기하고 혼자 사는 삶을 택한 것이다.

한국의 황혼이혼이 신혼이혼을 앞지른 것은 2012년의 일이다. 한국과 일본은 황혼이혼이 신혼이혼을 압도한다는 점에서 비슷한 양상을 보인다.

은퇴 이후의 삶이 길어지면서 늘그막에라도 내 인생을 찾아가고 싶다는 바람이 황혼이혼으로 이어지고 있다. 특히 황혼이혼을 바라는 여자들은 누구의 아내, 누구의 엄마도 아닌 나 자신으로 살고 싶다는 바람을 드러낸다. 꼭 남편이 싫어진 것은 아니지만 평생 뒤치다꺼리해주는 결혼생활에 신물을 느끼고 오직 자신만을 위한 삶을 살고 싶어진 것이다. 이는 여자의 결혼 만족도가 남자에 비해 현저히 낮음을 방증한다.

그러나 막상 이혼을 하려면 현실적인 벽에 부딪힌다. 재산분할, 자녀와의 관계, 주위의 시선 등이 마음에 걸려서이다. 이러한 현실적인 부분을 생각해 볼 때 바로 이혼을 하는 것보다는 졸혼을 선택하는 것이 차선책이 되지 않을까 한다.

가족의 해체로 1인 가구가 증가하고, 이것이 보편적인 삶의 형태로 자리 잡게 된다면 우리는 꽤 오랜 시간을 외롭고 고독하게 보내야 할지도 모른다. 우리 주변에는 황혼이혼 후 전보다 잘 사는 사람들도 있지만, 오히려 더 불행한 삶을 사는 사람들도 있다. 홀로 살다 가족들도 모르는 사이 죽음을 맞이하고 뒤늦게 발견되는 사례도 심심치 않게 볼 수 있다.

황혼이혼을 한 60대 여성의 이야기를 신문에서 읽은 적이 있다. 그 부부는 평생 극복하지 못한 성격 차이로 이혼을 결심했다. 그녀는 한동안은 앓던 이가 빠져나간 듯 시원한 기분이었다고 한다. 그러나 곧 경제적인 고통, 외로움, 미안한 마음 등으로 이혼을 후회하게 되었다.

> 복지관에서 같이 수업을 듣는 사람들이 남편의 안부를 물으면 말을 돌립니다. 이제 내 나이가 60이 넘었는데 어디 가서 어떤 일을 할 수 있을까요? 또다시 좋은 남자를 만나 결혼할 수 있을까요? 무엇보다 아직 결혼을 안 한 막내딸에게 상처를 준 것 같아 너무 미안합니다. 우리 세대는 100세까지 살 가능성이 있다고 하더군요. 살아보니 내 곁에 끝까지 남아 줄 사람은 배우자뿐입니다. 자식들은 다 자신의 삶을 찾아서 떠나야 해요. 지금은 너무 후회됩니다. 남편과 나의 성격 차이를 극복해보기 위해 조금만 더 대화를 시도해볼 걸, 은퇴 후 같이 여행을 가자고 했을 때 한 번 가볼 걸 하고 말입니다. 아무리 나이 든 부부라도 서로 노력할 필요가 있습니다. 불이 꺼지지 않으려면 땔감을 계속 넣어주어야 하는 것처럼요.

인생의 황혼기를 외롭게 보낸다면 진정 행복한 삶이라고 할 수 없다. 호모 헌드레드 시대를 앞두고 인간관계, 그중에서도 부부의 결혼 형태와 방식이 변화하고 있지만 그것을 긍정적인 방향으로 이끌기 위해서는 끊임없는 노력이 필요하다. 가장 가까운 배우자에 대한 이해와 배려가 노후의 삶의 질을 결정짓는다.

결혼이란 계약을 지혜롭게 연장하려면

미국의 언어학자인 데보라 탄넨의 학설에 의하면 남녀의 커뮤니케이션 목적은 상당히 다르다고 한다. 남성들은 문제 해결을 위해 커뮤니케이션을 하지만 여성들은 자기의 감정이나 기분을 전달하기 위해 커뮤니케이션을 한다. 즉 남성들은 결론을 도출하기 위해, 여성들은 감정 교류를 목적으로 커뮤니케이션을 한다는 것이다.

일반적으로 여성들은 남성들보다 전화통화 시간이 길다. 남성들 입장에서는 '쓸데없는 이야기를 왜 저렇게 오래 하는지 도대체 이해할 수 없다.'라고 생각할 수 있다. 하지만 여성들에게 이런 커뮤니케이션 방식은 감정을 교류하는 데 매우 중요한 역할을 한다. 이른바 '감정 교류형'이다.

반면에 남성들은 "빨리빨리 말해, 그래서 결론이 뭐야?"라고 말허리를 자르는 질문을 한다든가, 말을 끝까지 들어보지도 않고 "그러면 이렇게 하면 되잖아."라고 결론부터 도출하려고 한다. 즉 '결론 도출형'이다. 남성의 이런 특성이 여성의 커뮤니케이션 목적인 감정 교류를 방해하는 것이다.

탄넨의 학설이 모든 사람에게 적용되지 않을 수도 있다. 그러나 남녀, 그리고 사람과 사람의 커뮤니케이션 스타일은 다르며, 이 차이를 인정하고 상대방을 이해하려는 자세를 갖는 것이 매우 중요하다. 특히 부부라는 이름으로 호모 헌드레드 시대를 살아가야 할 이들에게는 더욱 그렇다.

말없이도 통하는 관계가 부부라 할지라도 제대로 커뮤니케이션을 하지 않으면 언제 그 관계가 무너질지 모른다. 부부라는 관계와 그것을 유지하는 형태는 급속하게 변화하고 있다.

'지금까지 괜찮았는데 앞으로도 별문제 있겠어?'

이런 안이한 생각은 위험하다. 가까운 관계일수록 더 아끼고 돌봐야 한다는 말이 식상하게 들릴지 몰라도 그것이 부부 관계를 건강하게 유지하는 비결임에는 틀림없다.

18명의 아이를 낳아 유럽의 대가족상을 받은 스페인의 로사 피크가 한국을 방문했을 때 이런 말을 했다.

> 현대 사회의 가장 큰 문제는 고독한 노년입니다. 돈이 많고 집이 크고 자동차가 좋으면 뭐합니까. 자녀가 없으면 외로울 뿐입니다. 주변을 보면 후회하는 사람이 한둘이 아닙니다. 돈이 있다고 외로움을 달랠 수 있나요. 가족은 행복의 원천입니다. 하루하루가 놀라움의 연속이죠.

나는 그녀의 말에 적극 동의한다. 무엇보다 가족이 행복이다. 심리학자들은 인간은 따뜻했던 시절의 그리움 혹은 과거에 대한 노스

탤지어(nostalgia)만으로도 어려움과 외로움을 극복할 수 있다고 말한다. 가족이야말로 그런 따뜻한 노스탤지어의 원천이다.

   그런 의미에서 가족과 불화가 있다면 그것을 하루라도 빨리 해소하는 것을 인생의 최우선 과제로 삼으라고 충고하고 싶다. 그것이 결혼이라는 계약을 지혜롭게 연장하는 가장 좋은 방법이기 때문이다.

로맨스 그레이

나는 다른 50~60대들과는 다르다는 생각

고령화 사회에 진입하고 평균수명이 늘어나면서 50대 이상 중장년층의 문화도 크게 변화하고 있다. 이들은 신중년, 신노년, 뉴 실버(new silver), 엘더(elder), 액티브 시니어(active senior), 뉴 식스티(new sixty) 등 다양한 이름으로 불리고 있다. 과거 실버나 시니어라 불리던 이들에게 부여된 신조어들이다.

미국의 대표적인 은퇴자 커뮤니티인 선시티(Sun City)의 안내 책자에는 시니어 대신 어덜트(Adult)란 단어가 적혀 있다. 나이 듦, 은퇴, 황혼, 인생의 내리막길 등 시니어라는 단어가 가진 일반적인 의미를 거부하고 새로운 방식으로 삶을 살아가는 한 사람의 어른으로 평가받고 싶은 바람이 담겨 있는 듯하다.

한국의 경우도 65세 이상의 노인들에게 발급하는 무료 교통카드의 명칭이 '시니어 패스'에서 '어르신 교통카드'로 변화했다. 이 '어르신'이란 이름이 앞으로는 어떻게 바뀔지 궁금하다.

이 새로운 시니어들은 오늘날 문화와 산업의 신소비자로 급부상하고 있다. 이들은 앞 세대들과 비교해 볼 때 은퇴 이후의 삶을 사는 방식과 노년에 대한 인식이 다르다. 이러한 특성이 있는 집단은 한국의 베이비붐 세대(1955~1963년 출생), 일본의 단카이 세대(1947~1949년 출생)라고 할 수 있다.

베이비붐 세대와 단카이 세대는 치열한 학생운동을 전개한 세대이자 문화와 예술, 패션을 선도적으로 이끌고 그것으로 자신의 개성을 주장했던 세대란 공통점이 있다. 그리고 현대적인 도시문화, 디지털 문화에도 익숙하다. 그래서 이전 은퇴 세대들과 달리 자신의 건강과 취미, 이성과의 교제 등에 적극적이다.

또한 노후에 자녀에 대한 의존도가 낮고 독립적이며 자신의 삶에 다양한 기회를 주려고 한다. '조용히 나이 들어야지.' 보다는 이왕이면 삶의 새로운 기회를 찾아 나서겠다는 의지가 있다. 즉 자신의 행복을 중요하게 여긴다.

물론 여전히 '이 나이에 무슨······.'이라는 생각을 하는 이들도 있다. 하지만 그들도 내심 '나는 다른 50~60대랑은 다르다.'라고 생각한다. 또 다시 한번 멋지게 인생을 살아보고 싶다는 꿈을 가슴에 품는다. 직장에서의 퇴직이나 자녀들의 결혼은 인생의 새로운 스테이지로 접어드는 터닝 포인트가 되기 때문이다.

다시 한번 한 사람의 남성, 여성으로 태어날 수 있다면 그것만큼 기분 좋은 일이 또 있을까?

로맨스를 잃지 말자

은퇴 후에도 매력적인 분위기가 남아있는 사람이 있는가 하면 완전히 할아버지(할머니)가 되어 매력이라고는 제로에 가까운 사람이 있다. 남성(여성)으로서의 매력을 포기하면 어떤 의미에서는 편안하다.

그러나 진정으로 인생을 즐길 줄 아는 사람은 은퇴 후에도 로맨스의 향기를 간직한다. 로맨스는 모든 것의 모티베이션이 된다. 남성으로서, 여성으로서의 자신에게 무관심해지면 만사에 무기력해질 수 있다.

나는 슈트를 입고 넥타이를 매고 구멍이 5개 뚫린 옥스퍼드 구두를 갖춰 신는 영국신사는 아니지만 지금도 되도록 헐렁한 셔츠를 입지 않으려고 한다. 요즘은 커스텀핏, 스키니핏이라고 하여 몸의 선을 그대로 드러내는 디자인의 셔츠가 나온다. 가능하면 나는 그런 셔츠를 구매해 깨끗하게 차려입고 외출한다.

최근 서구에서는 인공지능(AI)이 골라준 옷을 입는 시대가 눈앞에 다가왔다고는 하지만 나는 옷부터 양말까지 모두 내가 스스로 고르고 구매한다.

나는 '그레이 신사'에 대한 나만의 기준이 있다. 머리숱이 줄고 희끗희끗하지만 단정하게 차려입고 지적인 분위기를 풍기며 여자들에게 인기가 있는 노년의 신사. '여자들에게 인기가 있는'이라는 부분에선 아내가 한심하다는 눈길을 보낼 수도 있겠다.

그러나 나에게 옷을 차려입는 것은 상대에게 예의를 갖추는 것이자 나 자신을 표현하는 방법이다. 사실 스스로 긴장감을 갖도록 하는 패션을 추구하는 것이 나로서는 꽤 즐거운 일이기도 하다.

혼자 사는 사람일수록 멋을 부려야 한다. 혼자 사는 불쌍한 노인이라는 편견에 맞서기 위해서다. 시대와 함께 변해가는 패션 트렌드나 스타일에 아예 무관심하다면 인생의 재미를 잃은 것과 다름없다.

그리고 상대를 만날 때 추레한 옷차림을 하면 자신감을 잃고 처음부터 열세에 몰리게 된다. 청결하고 깨끗한 옷차림은 행동을 신사답게 만들어 준다. 멋을 부리는 것은 절대 낭비가 아니다. 처음부터 한몫 먹고 들어가는 무기다.

대부분의 남성들은 직장을 중심으로 인간관계를 맺고 살아왔다. 그래서 직장을 떠나는 동시에 인간관계도 끊겨 버리는 경우가 많다.

인간관계를 새로 구축하길 원한다면, 일단 거울 앞에 서자.

주머니도 가볍고 새로운 트렌드도 소화할 수 없는데 이제 와서 새삼스레 멋을 부려봐야 무슨 소용인가 싶은 생각을 하는 이도 있을 것이다. 하지만 조금만 노력을 한다면 적당한 가격에 유행에도 뒤처지지 않는 옷은 얼마든지 찾을 수 있다.

혹시 '너무 젊어 보이는 스타일이라 어울리지 않는 건 아닐까?' 하고 어색하고 겸연쩍은 생각이 들더라도 거기에 지지 말자. 약간 무리하고 있다는 감각을 참아내는 것이 포인트다. 그것을 극복하면 자유로워진다.

나이가 들어도 로맨스의 불길을 꺼트리지 않고 매력적인 로맨스 그레이로 살아가려면 패션에 대한 감각을 잃지 말자. 복장은 무언의 메시지를 전달한다. 깔끔하고 청결한 옷차림은 기분 좋고 긍정적인 느낌을 준다. 그리고 그 긍정적인 이미지는 내가 당당하게 세상과 소통할 수 있는 든든한 뒷심이 된다.

세련되고 도회적인 은발의 패셔니스타

60 정도 되면 인생이 끝날 것만 같은 공허한 생각이 든다면 최근 패션계의 트렌드에 관심을 돌려보자.

패션 명품 브랜드 셀린느(Celine)는 2015 봄·여름 시즌의 광고모델로 80대의 여류 소설가 존 디디온을 등장시켜 패션계에 파장을 일으켰다. 빛나는 은발에 검은 선글라스를 낀 시크한 표정의 그녀 사진은 SNS를 통해 빠르게 퍼져 나갔다. 다른 브랜드들도 은발의 패셔니스타들을 모델로 기용했다.

그동안 유명 브랜드의 모델은 젊은이들뿐이었다. 패션계가 우아하고 아름다운 노년의 모델(mature model)에 관심을 기울이고 있다는 사실이 놀랍고도 반가웠다.

재미있는 것은 젊은이들의 반응이었다.

"와, 멋있다. 내 롤모델이야."

"저런 할머니(할아버지)가 될 수 있다면 나이 먹는 게 두렵지 않겠어."

은발과 주름으로 상징되는 삶의 연륜이 가져다준 깊이 있는 멋을 젊은이들도 새삼 깨닫고 있는 듯했다.

잠시 딴 길로 새자면, 나에게도 롤모델이 있다. 바로 김형석 교수님, 이어령 교수님이다. 이분들은 존재만으로도 '잔물결 효과(ripple effect)'를 가져온다. 잔잔한 호수에 돌을 던지면 그 지점을 중심으로 호수 전체에 잔물결이 일어나는 것처럼, 이분들은 우리 사회에 긍정적인 파장을 일으키는 분들이다.

물론 나는 그런 사람이 되기에는 턱없이 부족한 존재다. 하지만 적어도 내 주변 사람들에게 존재하는 것만으로도 힘이 되는 사람이 되고 싶다는 마음에서 이 분들을 롤모델로 삼고 있다.

패션계뿐 아니라 건강, 미용, 출판, 방송계에서도 '노년'은 새로운 키워드로 떠오르고 있다. 호모 헌드레드 시대의 노년은 과거와 비할 수 없이 건강하고, 아름다움과 삶의 즐거움을 추구하려는 경향이 강하다. 또 그것을 뒷받침할 경제적 능력을 보유하고 있기도 하다. 그런 탓에 거의 모든 산업 분야에서 노년층을 겨냥한 마케팅이 활발히 진행 중이다.

한국보건산업진흥원에 따르면 한국 실버시장은 2020년 72조 8,000억 원 규모로 성장할 전망이다. 건강, 요양 등 전통적인 실버산업을 넘어 IT, 쇼핑, 문화, 미용 등 다양한 분야로 확장될 것으로 보인다. 자신의 취미, 미용, 건강 등에 아낌없이 투자하는 노년층을 이제 드물지 않게 볼 수 있다.

자신의 인생을 가꾸며 색다른 삶을 추구하는 이들은 사실 그리 특별한 사람들은 아니다. 세계적으로 유명한 패션스타그램(bonpon511)을 운영하는 이는 최근 은퇴한 일본의 60대 남성이다. 그의 인스타그램은 팔로워가 45만 명에 이른다. 이 사랑스러운 노부부는 센스 있는 커플룩의 진수를 보여주는 것으로 유명하다.

"반려자와 커플룩을 맞춰 입으면 마음도 가까워집니다."

이렇게 말하는 그는 졸혼, 황혼이혼이 늘어나는 시대에 부부가 나이 들어서도 설렘과 즐거움을 유지하며 살 수 있는 방법 중 한 가지를 몸소 보여주었다.

비슷한 예로 은퇴 후 바리스타로서의 삶을 살고 있는 전만수 씨의 경우 젊은이를 능가하는 멋진 패션으로 큰 화제다. 평범한 은퇴자가 패션으로 자신의 본래 정체성이었던 남성으로 돌아가고 자존감을 회복할 수 있었던 것이다.

나이가 들었다고 용기를 잃을 필요가 있을까? 우리는 지금까지 잘 해왔고, 앞으로도 그럴 것이다. 세월의 흔적인 은발은 있는 그대로 아름답다. 부끄러워하지 말고 자신을 드러내자.

매일 아침 아내와 함께 즐겨보는 NHK 드라마에는 미야모토 노부코(宮本信子)라는 여성 연기자가 나온다. 73세인 그녀는 은발의 지적인 여성이다. 드라마를 볼 때마다 나도 모르게 감탄한다.

"참 곱게 나이 드신 분이야. 나는 당신이 저분처럼 나이 들었으면 좋겠어."

나의 이상적인 노년의 여성상이라고나 할까. 생각해 보면 그런 말을 자주 했던 것 같아 문득 아내에게 미안하다. 분명 아내에게도 그런 남성상이 있을 텐데 말이다.

나이가 들었다고 사랑을 모르겠는가

　최근 인기리에 방영된 주말드라마에서 여가수를 사랑한 대기업 회장이 나온다. 극 중의 대기업 회장은 60세 전후다. 과거라면 이미 중년을 지나 노년기에 접어든 나이를 의식하며 자신의 감정을 숨기기에 바쁠 텐데 그는 마치 청춘인 듯 감정을 표현하는데 거리낌이 없다. 비록 드라마 속 로맨스이지만 달라진 세태를 반영한다고 볼 수 있다.
　이런 경향은 일본에서 먼저 시작되었다. 일본에는 노년의 사랑과 성을 대단히 사실적이고 공개적으로 다루는 편이다. 그중에서도 히로카네 켄시(広兼憲史)는 노년의 사랑을 주제로 한 만화, 에세이, 단행본 등을 쓰는 것으로 유명하다.
　그의 작품 《황혼유성군(黃昏流星群)》의 주인공은 모두 50세 이상이다. 80세를 넘긴 이가 주인공이 되기도 한다. 그의 만화는 노년의 사랑도 청춘의 사랑과 다를 바 없음을 보여준다. 거북스러운 성애 장면에 대한 표현도 자유롭게 다뤄진다.
　한국 웹툰 중 강풀의 《그대를 사랑합니다》도 노년의 사랑을 다뤘다. 나는 이 작품을 만화가 아닌 영화로 접했다. 나이가 들었다고 사랑을 모르겠는가. 청춘 남녀보다 더 진하고 가슴 절절한 사랑에 조금 눈물을 흘렸던 것 같다. 사랑은 나이에 상관없이 인간이면 누구나 느낄 수 있는 선물 같은 소중한 감정이다.

그러나 아직 한국 작품 속에서 노년의 성을 가감 없이 다룬 것을 찾아보기는 쉽지 않다. 70대의 성과 사랑을 솔직하게 다룬 영화 《죽어도 좋아》나, 노인을 상대하는 매춘부를 소재로 한 《죽여주는 여자》는 노인의 성을 공개적으로 말하기 꺼렸던 한국 사회에 큰 파장을 일으켰다.

앞서 소개한 히로카네 켄시의 책 《신노년을 권함(新老人のススメ)》을 읽다 보면 그 적나라함에 웃음이 날 정도다. 노인의 성과 관련된 부분을 발췌해 소개한다.

> 두말할 것도 없이 나이가 들면 성욕은 감퇴한다. "아직은 건강하기 때문에 아무런 걱정이 없다."라는 사람도 있지만, 이는 표면적인 허세에 불과할 뿐 실제와는 다른 경우가 많다.
> 남자란 이상한 것에 허세를 부리기를 좋아하는 동물이며 정력도 그중 하나이다. 사회적인 지위, 재력, 학력, 이 외에도 지금까지 경험한 여자가 몇 명이라든가, 자신의 사이즈가 어떠하다든가, 지속성 등을 자랑하는 사람도 적지 않다.
>
> ······ (중략) ······
>
> 발기가 안 되는 것이 마음에 걸리더라도 이제 ED(Erectile Dysfunction,

> 발기 부전)와 같은 치료약이 있으니 심각하게 고민할 필요가 없다. 약물에 의존하는 것은 창피한 일이 아니다. 성욕이 감퇴했다고 해서 초조해한다든가 쓸쓸해할 필요도 없다. 성욕에 휘둘리는 번거로움에서 벗어났다고 생각하면 된다.

일본의 한 문화인류학자는 성을 터부시하지 않는 것이 일본 문화의 특징이라고 했다. 히로카네 겐시를 비롯한 많은 작가들이 성에 대한 노인들의 고민을 공개적이고도 현실적으로 접근한 책들을 내놓았다.

일본에는 80대의 포르노 스타 도쿠다 시게오(德田重男)도 있다. 그는 60세 때 포르노 배우가 되어 약 350편의 성인물에 출연했다. 일본에서는 중노년층을 대상으로 한 성인물 제작이 활발하게 진행되는 편이다.

실제로 지난 10년간 노년 포르노 사업이 2배 이상으로 성장했다. 고령화가 가속화될수록 이런 상품의 수요는 더욱 급증할 전망이다. 물론 이는 아직 한국인의 정서로는 받아들이기 어려운 부분이다.

일본인 노벨 문학상 수상 작가 가와바타 야스나리(川端康成)의 탐미적인 소설 《잠자는 미녀(眠れる美女)》를 보면 이런 대목이 나온다.

"이렇게 추운 밤에 젊은 피부가 전해주는 따뜻함 속에서 급사한다면 이것이 노인의 극락이 아니겠는가?"

미소녀에 대한 가와바타 야스나리의 애착을 느낄 수 있다.

몇 살을 먹더라도 인간의 성에 대한 관심은 끝이 없나 보다. 요양병원에서는 남성 고령자가 여성 간병인을 성희롱하는 행태가 문제가 되기도 한다. 간병인의 증언에 의하면 그 집착은 상당히 강하다고 한다.

요즘 세상에선 90을 넘긴 이가 80세 노인과 연인관계가 된다 해도 그리 이상하게 보이지 않는다. 노인들도 자유로운 연애를 즐기고 있는 것이다.

한 일본 통계는 고령자도 '의외로' 성관계를 갖고 있다고 지적한다. 고령화가 가속화되면서 섹스 연령도 고령화되고 있다는 것이다. 나이가 들수록 섹스 능력이 약해지는 것은 자연스러운 현상이니 무리할 것은 없지만, 고령자에게 섹스에 대한 흥미는 삶의 중요한 에너지 공급원임에 틀림없다.

'이성감'을 도입하자

요즘 경로당에는 노인들이 별로 없다고 한다. 신중년, 신노년층은 경로당이 아닌 복지관으로 간다. 또 복지관에 가면 허리가 구부러지고 지팡이를 짚는 이들이 많을 거라고 예상하지만 그들의 대부분은 잘 차려입고 건강하다.

복지관에서는 보통 스마트폰 관련 수업, 요가 수업, 외국어 수업 등이 진행된다. 노인 성 의식 개선과 관련된 프로그램을 진행하는 곳도 있을 정도다. 비슷한 연령대가 모여 수업을 듣는 일에는 장점이 많다. 공통의 고민도 해결하고, 자신의 몸을 더 가꾸려고 노력하게 되기 때문이다. 요즘 복지관은 사교의 장이라고도 한다. 이혼했거나 사별한 남녀들이 자연스럽게 만나 교제를 하고 재혼의 기회도 얻는다.

동성 친구들만 모인 자리보다 남녀가 고르게 섞인 자리가 분위기가 훨씬 즐겁고 부드러우며 생동감이 넘쳐흐른다. 이 생동감은 윤활유처럼 에너지를 활성화해 사람을 젊고 아름답게 만들어 준다.

일을 하거나 운동, 봉사활동, 복지관 수업 등에서 이성과 대화를 나누고 교제할 때 약간의 긴장감이 흐르고 이것은 우리를 품위 있고 점잖게 행동하도록 만들어 준다. 멋을 부리고 언변에 신경을 쓰며 더 좋은 사람이 되려고 노력하게 만든다. 이것이 바로 '이성감'이다.

물론 결혼한 이는 배우자에게 이런 소리를 들을 수도 있다.

"당신 요즘 이상해. 나 몰래 연애라도 해?"

질투도 나쁘지 않다. 배우자의 질투야말로 부부 사이의 잃어버렸던 긴장감을 돌아오게 하고 다시 생동감 있는 관계로 회복시킨다. 나는 나이가 들수록 이성과 건전하게 교제할 필요가 있다고 생각한다.

일본의 유명한 소설가 다니자키 준이치로(谷崎潤一郎)는 말했다.

"생에 대한 집착은 조금도 없지만 살아 숨 쉬고 있는 한 이성에 관심을 갖지 않을 수 없다."

이성 친구와 커피 한 잔을 마셔도 좋고, 대화를 해도 좋다. 나와 다른 성을 의식하는 것만으로도 신선한 영향을 받을 수 있기 때문이다. 심장이 뛰는 한 설렘은 계속된다.

고령화 가족의 라이프스타일

세상에서 제일 부실한 보험 '자식'

베이비붐 세대는 대한민국 성장의 '허리'라고 할 수 있는 세대다. 넉넉지 않은 어린 시절을 보냈고 민주화 광풍의 한가운데서 젊음을 보냈으며, 산업화의 역군으로 대한민국을 성장시켰다.

최근 이 세대들이 대거 은퇴를 맞이하고 있다. 하지만 그중 많은 숫자가 여전히 일터를 떠나지 못하거나 제2의 직장을 찾아다니고 있다. 안타까운 사실은 비자발적으로 직장에서 밀려나는 경우가 많다는 점, 새로운 직장으로 '환승'하지 못하고 일용직을 전전하는 경우가 있다는 점이다.

직업에는 귀천이 없으나 그들은 불안정한 고용상태를 걱정한다. 한국 사회의 성장을 일구어낸 이 세대들은 왜 안정적인 노후를 보내지 못하고 여전히 고군분투하고 있을까?

영화 《고령화 가족》은 노후에도 편히 쉬지 못하는 요즘 부모들의 현실을 보여준다. 영화를 보면 어느 날 엄마(윤여정 분)의 집에 마흔이 넘어서도 나잇값 못하는 자식 셋이 들이닥친다. 엄마는 칠십이 넘은 나이에도 자식들 뒷치닥꺼리를 하느라 하루도 편할 날이 없다.

영화에서처럼 우리 시대의 많은 부모에게 편안한 노후는 꿈처럼 여겨진다. 부모는 자식의 근심을 내 것처럼 품고 할 수 있는 일이라면 뭐든 다 해주려고 노력한다. 일본의 다소 냉정한 가족관계와 비교해 보면 한국의 부모와 자식 간은 대단히 끈끈한 편이다.

베이비붐 세대는 '낀 세대'라고도 불린다. 위로는 부모를 부양해야 하고, 아래로는 자식들을 돌본다. 은퇴 시기가 되어도 고정 수입이 끊기는 것을 제일 먼저 걱정해야 한다. 이 낀 세대들에게 걱정거리는 부모의 병원비 부담과 결혼 후에도 독립하지 못하고 부모에게 의존하는 자식들이다.

《고령화 가족》의 자식들처럼 한 번 독립했다가 다시 부모의 집으로 돌아오는 이들을 '리터루(returoo)족'이라고 한다. 돌아온다는 뜻의 리턴(return)과 캥거루족의 합성어다.

통계청이 2016년 발표한 '제3차 가족 실태 조사'에 따르면 조부모와 부부, 미혼 자녀가 함께 사는 3세대 가족 비율은 3.1%로 나타났는데, 이는 지난 2010년 1%였던 것에 비해 3배가량 증가한 수치이다. 리터루족은 자연스럽게 손주를 돌보는 '할빠', '할마'를 탄생시켰다.

몇 해 전에 미국에서 유학 중인 딸이 출산했다. 타지에서 학업과 육아를 병행해야 하는 딸은 아내에게 SOS를 쳤다. 해외 원정 황혼 육아를 부탁한 것이다. 아내는 3개월에 한 번씩 비자가 만료될 때마다 다시 한국에 들어왔다 나가길 반복하며 1여 년 동안 딸 내외와 손주를 돌봤다.

그 시간 동안 나는 홀아비처럼 지냈다. 혼자 밥을 해 먹고 빨래를 돌리고 옷을 다려 입고 고생이 이만저만이 아니었다. 아내의 고생에 비할 바는 아니었지만 말이다.

내가 혼자 지내는 생활에 익숙해질 무렵 나눈 전화통화에서 아내는 농담 반 진담 반으로 빨리 미국으로 와서 나 좀 데리고 가달라고 했다. 딸에게 하지 못한 푸념을 나에게 하는 것이었다. 타지에서 고생하는 딸도 딸이지만 그런 딸을 돌보느라 불평 한마디 하지 못하는 아내가 안쓰러웠다.

내 또래 친구들에게 황혼육아는 드문 일이 아니다. 작은아들이 곧 이사를 하는데 우리 부부에게 그쪽으로 옮겨오라고 은근히 권하고 있다. 그 애길 친구에게 전했더니 펄쩍 뛰며 말한다.

"절대로 가지 마라! 제수씨 고생하신다."

그러고 보니 은퇴하고 자식들이 있는 서울 근교 베드타운으로 이사를 간 뒤로 코빼기도 볼 수 없는 친구가 있다. 아들 부부가 모두 맞벌이라 손주들을 돌보고 있는데 회사 다닐 때보다 더 고생하고 있는 눈치다.

최근 큰아들 부부의 요청으로 며칠 손녀를 돌보면서 친구의 노고를 짧게나마 체험했다. 어린이집에서 손녀를 픽업해 놀아주다 저녁을 먹이고 아들네 집으로 밤늦게 데려다주었다. 마지막 날 며느리가 감사하다며 뮤지컬 티켓을 내밀었다. 덕분에 우리 부부는 문화생활을 즐겼다.

아들 내외가 또다시 그런 요청을 해온다면 거절은 못 할 것 같다. 손녀는 눈에 넣어도 아프지 않을 만큼 사랑스러우니까. 하지만 이 사랑스러운 손녀를 매일 돌보는 기쁨을 준다고 하면 정중하게 사양하고 싶다.

세계에서 65세 이상 고령자의 비율이 27.3%(2017년 기준)로 가장 높은 일본은 경제적 자립도가 높은 고령자들이 자식들에게 의존하기보다 독립된 생활을 즐긴다. 부모는 자식들에게 부담을 주지 않으려 하고, 자식들도 마찬가지다.

손주를 돌보는 할아버지, 할머니의 역할에서 벗어나 노후를 노부부끼리 오붓하게 보내려는 이른바 '통크(TONK, Two Only, No Kids)족'

이 대세이다. 그래서 한국처럼 조부모가 손주를 돌보는 황혼육아는 거의 없다.

일본에는 이혼하고 혼자 사는 남자들이 아이를 혼자 키우는 '셀프 육아'가 제법 있다. 같은 상황의 한국인이라면 먼저 부모를 찾아갔을 것이다. '남자 혼자 애를 어떻게 키워?' 하는 생각이 남아 있기 때문이다.

일본은 확실히 사회적으로 한국보다 아이나 노부모를 돌볼 수 있는 사회 시스템이 발달해 있다. 그러나 일본의 부모와 자식이 서로에게 의존하지 않고 독립적으로 살아가려는 경향이 강한 것도 사실이다.

언젠가 일본 텔레비전 드라마에서 가난한 아버지가 대학을 가고 싶어 하는 아들에게 돈을 빌려주는 장면을 보았다. 아버지가 말했다.

"우리 집 형편에 너를 대학까지 가르치면 내 노후가 흔들린다. 그럼 그것은 너에게도 부담이 될 수 있다. 그래도 네가 대학에 가고 싶다면 돈을 빌려주마. 대신 대학을 졸업하고 나면 이 돈을 꼭 갚길 바란다. 그래야 내가 내 노후를 스스로 지탱할 수 있다."

아들은 아버지의 말씀을 진지하게 듣고 돈을 갚겠다고 약속한다. 그리고 아들은 차용증을 쓰고 아버지는 그것을 서랍에 잘 보관해 두었다.

한국인의 정서로는 이해하기 힘든 일이지만 일본인은 이러한 감각을 가지고 있다. 이것은 좋다 나쁘다로 판단할 수 없는 민족의 특성이기도 하다.

앞에서 언급한 리터루족은 비단 한국 사회의 문제만은 아니다. 미국에서는 대학 졸업 후에도 부모에 얹혀사는 세대를 트윅스터(Twixter)라고 한다. 또 영국에서는 부모의 연금을 축내는 자식을 키퍼스(Kippers), 독일에서는 네스트호커(Nesthocker)라고 한다. 프랑스에서는 나이를 먹고도 독립하지 못한 아들과 부모의 이야기를 다룬 영화 제목을 따서 탕기(Tanguy)라고 부른다.

어려서부터 자립하는 걸 중요하게 여기는 서구에서조차 리터루족과 같은 개념이 존재하는 것만 봐도 부모에게 의존하는 자식들의 문제는 전 세계적인 현상임이 분명하다. 리터루족을 단순히 개인의 의지부족이나 능력의 문제로 치부하기에는 사회 구조적인 상황도 배제할 수 없는 듯하다.

영국 속담에 '세상에서 가장 부실한 보험은 자식'이란 말이 있다. 자식에게 모든 걸 다 쏟아붓지 말자고 강하게 주장하고 싶지만 나 역시 부모 된 입장이라 세상 모든 부모들의 마음을 이해한다. 그러나 좋든 싫든 함께 살게 되었다면 서로 이해하고 소통하려는 노력을 기울여야 함을 잊지 말자.

손주? 오면 좋고 가면 더 좋고

　자식들이 결혼하면 부모 슬하를 떠나게 해야 한다. 이것이 부모의 역할이라고 생각한다. 자기 새끼를 계곡 아래로 밀어뜨리고 혼자 힘으로 기어 올라오길 기다리는 어미 사자의 모습을 본받아야 한다. 자식이 어려움을 묵묵히 극복하고 누구의 도움도 없이 일어설 수 있도록 너무 품 안에 감싸고 들어선 안 된다. 때가 되면 독립할 수 있도록 해야 한다.

　자식들은 내 소유물이 아니니 독립한다고 해서 억울해할 일도 섭섭해할 일도 없다. 독립심은 자식에게만 필요한 것은 아니다. 자식이 부모에게서 독립하려고 노력하듯 부모도 어느 순간부터는 자식으로부터 독립하려고 노력해야 한다.

　부모들은 자주 자식이 나와 다른 인격체라는 사실을 잊는다. 그것을 기억하더라도 실천하기는 어렵다. 자꾸만 '내가 널 어떻게 키웠는데……' 하는 생각이 든다. 그래서 자기도 모르게 자식을 소유물처럼 다루고 간섭하고 그것이 자식의 행복을 위한 일이라고 착각한다.

　미국의 소설가 마크 트웨인은 말했다.

　"곤경에 빠지는 건 뭔가를 몰라서가 아니다. 뭔가를 확실히 안다는 착각 때문이다."

내가 자식을 가장 잘 안다는 것은 어쩌면 환상일 수도 있다.

나도 안다. 부모에게 자식은 80을 먹어도 어린 애일뿐이라는 것을. 하지만 자식은 나와 다른 인생을 사는 별개의 존재이다. 자식에게는 그들 나름의 인생관이 있다. 부모는 하루빨리 그 사실을 인정하고 자식의 삶을 존중해야 한다. 그것이 부모가 자식으로부터 독립하는 방법이다.

이제 자식을 소유가 아닌 존재의 대상으로 바라보자. 자식은 내게 잠시 맡겨진 존재였다. 홀로 설 때까지 고이 잘 기르는 것이 부모로서의 책임을 다하는 것이다. 좋은 추억들을 간직하게 해준 것만으로도 자식은 감사한 존재이다.

한국보건사회연구원의 조사에 의하면 '부모와 자식이 서로를 위하는 일은 무엇인가?'에 대해 부모는 자식이 자주 찾아오거나 안부 전화를 하는 '정서적 문안'을, 자식은 병간호나 '경제적 지원'을 최고의 효라고 여기는 것으로 나타났다. 이렇게 서로 다른 생각을 하고 있으니 때로 섭섭한 마음이 드는 것도 어쩔 수 없는 일인 듯하다.

나는 이미 할아버지가 되어 명절이 되면 자식들이 손주 녀석들을 데리고 집에 온다. 손주들이 떠드는 모습은 귀엽지만 한편으론 정신 사납기도 하다. 가끔은 이 녀석들이 집에 언제 돌아가나 은근히 기다려지기도 한다. 자식들이 이런 소리를 들으면 섭섭하겠지만 손주들과의 관계는 딱 이 정도로 유지하는 것이 좋을 것 같다.

"오면 좋고, 가면 더 좋고."

자식에게도 자식의 인생이 있고, 내게도 내 인생이 있다. 요즘은 그 선을 지킬 수 있다는 점이 몹시 다행스럽게 여겨진다. 사정상 우리 부부가 할빠, 할마가 되어야 한다면 어쩔 수 없는 상황이라 여기고 받아들일 것이다.

그러나 다행히도 지금 나는 내 개인 연구실에 앉아 이 글을 쓰고 있으니 참 감사한 일이다.

100세 시대, 고독을 다루는 새로운 방식

'좋아요'로 세상과 소통하다

올해 81세의 앱 개발자 와카미야 마사코(若宮正子). 그녀는 일명 노인계의 스티브 잡스로 불린다. 그녀는 6개월간의 독학으로 '히나단(雛壇)'이라는 게임 앱을 개발했다. 일본 전통의상을 입은 인형을 각자 위치에 배열하면 이기는 게임이다.

"젊은 사람들도 이 게임에서만큼은 노인을 이길 수 없다."

그녀의 이 말처럼 이 게임을 잘하려면 일본 전통의상에 대한 지식이 필요하다. 즉 노인에게 유리한 게임이다.

그녀는 앱 스토어에서 다운받은 게임을 하고 싶었지만 손이 느려서 마음만큼 잘할 수 없었다. 그래서 게임 업체들에게 노인을 위한 게임 앱을 만들어 달라는 제안을 했으나 아무런 답을 받지 못했다.

결국 그녀는 스스로 게임 앱을 개발하기로 결심했다. 누군가의 도움 없이 독학으로 게임 앱을 개발하기가 쉬운 일은 아니었을 텐데, 그녀의 도전정신에 박수를 보내고 싶다.

그녀는 게임 앱 개발을 하기 전 노인들의 컴퓨터 사용을 돕기 위한 인터넷 커뮤니티를 열고, 컴퓨터 관련 서적을 출간한 이력도 있다. 노년층과 젊은 층의 IT 격차가 점점 커지고 있는 가운데 그녀의 존재는 가뭄의 단비 같다.

"나이에 상관없이 열정과 창의성만 있다면 무엇이든 할 수 있다."

그녀의 말은 도전정신이 필요한 모든 호모 헌드레드들에게 귀감이 된다.

한국에도 21세기를 만끽하고 있는 70대가 있다. 바로 뷰티 유튜버 중 최고령자인 박막례 씨다. 나도 포털 사이트에 실린 그녀의 기사를 보고 방송을 찾아본 적이 있다.

'참외를 닮은 프리지아 메이크업'과 '계 모임 갈 때 메이크업' 편을 보면서 그녀의 꾸밈없는 모습에 유쾌하게 웃었다. 예쁘게 보이려고 노력하는 대신 있는 그대로의 모습을 보여주려는 점이 신선했다.

나는 그녀의 유튜브 채널이 재미있어서 중년층, 노년층이 운영하는 채널이 더 있는지 찾아보았다. 의외로 많은 이들이 쿡방, 먹방, 춤방 등의 채널에서 다양하게 활동하고 있었다. 막상 방송을 틀어보면 특별한 내용도 아니다. 튀는 색깔로 염색을 하거나 낯선 음식 먹어보기 등 일상적인 내용이 방송의 주제가 된다. 그리고 이 방송의 젊은 팬들은 "우리 엄마 같다.", "우리 할머니 같다."라면서 열렬한 환호와 지지를 보낸다.

박막례 씨가 처음 방송을 시작한 건 치매 예방을 위한 손녀의 권유 때문이었다고 한다. 현재 그녀의 채널은 많은 팔로워들이 구독하고 있고, 전 세계적인 관심을 받고 있다. 한 인터뷰에서 그녀는 말했다.

"70이 되었을 땐 인생이 끝난 줄로만 알았는데 유튜브를 시작한 이후로 인생은 70부터라는 생각을 하게 되었어요."

그밖에 50대 엄마와 20대 후반 아들의 일명 '엄마 몰래카메라 시리즈'도 재미있게 보았다. 엄마와 보내는 시간이 줄어들어 안타까웠던 아들은 엄마와의 일상을 공개했고, 많은 사람들이 소소한 일상의 이야기에 관심을 보였다. 방송으로 세대 공감과 소통이 이뤄지고 있는 점도 반가웠다.

80대라면 몰라도 50~60대는 IT 환경에 익숙한 편이다. 한국인터넷진흥원이 발표한 '2015 모바일 인터넷 이용 실태 조사'에 따르면 60대 이상의 인터넷 이용률은 2014년 50.6%에서 2015년 59.6%로 증가했다. 또 60대 인구의 70%가 카카오톡 같은 메신저 앱을 이용하고 있는 것으로 나타났다. 2013년과 비교해 2배가량 증가한 수치이다.

　나 역시 카카오톡을 하고 있고 단체 대화방도 많다. 60대는 사실 얼마 전까지만 해도 직장에서 현역으로 일한 사람들이다. 온라인 및 모바일 사용 빈도가 잦아 IT 환경에 익숙한 편이다.

　스마트폰으로 일상적인 사진을 찍고 그것을 SNS에 공유하는 것은 이제 흔한 일이 되었다. SNS가 국내에서 활성화된 것은 불과 5년 정도밖에 되지 않았다. SNS가 이렇게 짧은 시간 안에 세대에 상관없이 모든 이의 삶에 파고들게 된 것은 매우 쉬운 방식으로 사람과 사람을 연결해주기 때문이다.

　아내, 자식들과 저녁을 먹으러 간 레스토랑에서 음식 사진을 찍어 페이스북, 인스타그램 등에 올리면 금방 '좋아요'의 숫자가 올라간다. 또 오늘 하루 힘들었던 마음을 털어놓으면 위로의 댓글이 달린다. 별것 아닌 것처럼 보이는 일이지만 그 자체로 소통과 공감, 위로를 얻을 수 있다.

　꼭 유튜버가 되거나 팔로워가 많은 SNS를 운영할 필요는 없다. 가까운 사람들과 소통할 수 있다면 그걸로 족하다. 작은 관심, 따뜻한 위로의 말 한마디는 지친 현대인의 일상에 단비가 된다.

　나는 개인적으로 나이가 들수록 IT 기술에 관심을 갖고 익숙해져야 한다고 생각한다. 물론 그 기술을 모든 세대가 각자의 능력에 맞게, 차별 없이 사용할 수 있도록 하는 배려도 필요하다고 생각한다.

일본 농어촌에서는 점점 슈퍼마켓이 사라지고 있다. 인구수가 줄어들면서 수지타산이 맞지 않기 때문이다. 그래서 슈퍼마켓에 가기 어려운 혼자 사는 노인들은 홈쇼핑이나 통신판매, 인터넷 쇼핑으로 생필품을 구매해야 한다. 고령사회에 접어들고 1인 가구가 많아질수록 배달시스템이 활성화될 전망이다.

물론 이렇게 이야기하는 나부터도 직접 상품을 만져보고, 입어보고, 맛보고 구매하는 세대라 홈쇼핑이 익숙하진 않다. 하지만 커피 캡슐 정도는 인터넷 쇼핑으로 주문해서 먹는다. 나중에 불편을 겪지 않으려면 이런 환경에 미리미리 익숙해져야 할 것 같다.

반려동물부터 반려로봇까지

1984년 처음 일본으로 유학을 갔을 때 반려견이나 반려묘를 키우는 사람이 많다는 사실에 깜짝 놀랐다. 산책하러 나가면 일본 아주머니들이 비닐봉지와 작은 모종삽을 들고 강아지와 산책하는 모습을 자주 볼 수 있었다. 도대체 비닐봉지와 모종삽을 왜 가지고 나왔을까 궁금하던 찰나 강아지의 배설물을 담아가는 모습을 보고 그 용도를 이해할 수 있었다.

내가 유학 중일 때 일본에 들렀던 누님은 개를 위한 호텔이 있다는 사실에 깜짝 놀랐다. 1980년대 한국에선 상상도 할 수 없었던 일이었기 때문이다. 당시 일본에는 반려동물을 키우는 이들이 상당히 많았다. 그 무렵부터 일본은 1인 가구가 많아서 출장이나 휴가를 가려면 동물호텔에 맡길 수밖에 없는 상황이었다.

2005년 일본에 연구차 갔을 때도 반려동물과 관련된 재미있는 풍경을 목격했다. 바로 강아지를 산책시키는 직업이 있다는 것이었다. 여러 마리의 개를 데리고 산책을 한 후 의뢰인들의 집에 데려다주는 시스템이었는데, 마치 어린이집에서 아이들을 돌보다 하원시키는 것 같았다.

곧 한국에서도 그런 풍경을 흔하게 볼 수 있지 않을까 했다. 아니나 다를까. 최근 반려동물 관리사, 반려동물 장례지도사 등의 자격증이 생겼다는 기사를 접했다. 일부 지방자치단체의 경우 반려동물 돌보미를 양성해서 중장년층의 일자리 창출을 꾀하고 있다고 하니 동물을 사랑하는 사람이라면 제2의 직업으로 고려해 볼 만하다. 운동도 되고 일석이조일 것 같다.

1인 가구가 늘어나고 저출산·고령화가 급속히 진행되면서 반려동물에 의지하는 사람들도 점차 늘어나고 있다.

2015년 국내 반려동물을 기르는 가구는 약 457만으로 전체 가구의 약 22%에 해당한다. 반려동물 가족을 일컫는 '펫밀리(Pet + Family)'

는 현재 1,000만 명을 넘어 다섯 가구 중 한 가구는 개나 고양이를 기르고 있다.

반려동물 사육 인구는 고령화와 1인 가구 증가에 따라 계속 늘어날 것으로 보인다. 관련 시장이 2017년 2조8,900억 원 규모에서 2020년에는 6조 원으로 성장이 전망된다고 하니 반려동물은 이제 친구, 동반자를 넘어 가족 같은 존재가 된 듯하다.

반려동물은 특히 은퇴자들에게 중요한 의미가 된다. 반려동물을 키우는 노인들의 심리나 건강 상태는 그렇지 않은 경우보다 좋다는 연구결과가 속속 나오고 있다.

반려동물과 함께 지내는 노년층은 우울감이 줄고 활동량이 늘어난다고 한다. 갑자기 사회적인 관계가 축소되는 은퇴자는 심리적인 고립감과 고독감을 느끼게 된다. 그럴 때 반려동물을 키우면 정서적인 안정감을 얻고 사회적 관계를 맺을 기회를 제공받게 된다.

산책을 할 때 크고 멋진 강아지를 보게 되거나 주인의 뒤를 쫄래쫄래 따르는 솜뭉치 같은 귀여운 강아지를 보게 되면 저절로 눈길이 가고 말을 걸고 싶어진다.

"무슨 종이에요?"

"몇 살인가요?"

"암컷이에요, 수컷이에요?"

"털이 진짜 멋지네요."

강아지의 주인은 강아지를 통해서 다른 사람들과 쉽게 친해지고 교류할 수 있다.

최근 SNS 가족 연관어에 엄마, 아이, 아빠에 이어 개와 고양이가 4위에 올랐다. 1인 가구가 늘어나고 가족 구성원의 숫자가 1~3명으로 줄어들면서 반려동물이 가족의 역할을 대신하고 있는 것이다.

그런데 최근 반려동물의 유기가 사회문제가 되고 있다. 유기된 동물들은 보호소로 보내지고 새 주인을 찾지 못하면 안락사를 당하게 된다. 자신이 안락사를 당하는 것도 모르고 주사를 놓는 수의사에게 꼬리를 흔드는 강아지들의 모습을 텔레비전에서 보고 무척 마음이 아팠던 적이 있다.

반려동물 1,000만 시대지만 죄책감 없이 반려동물을 유기하고, 기본적인 '펫티켓(Pet + Etiquette)'을 지키지 않아 갈등으로 이어지는 사례가 빈번하다. 목줄을 채우지 않거나 배설물을 수거하지 않은 경우도 많다. 반려견 짖는 소리에 '층견(犬) 소음'으로 불리는 이웃 간 분쟁이 심심치 않게 발생하기도 한다.

반려동물과 더불어 살아가려면 그들을 하나의 생명체로 존중하고 펫티켓 수준도 높여야 하지 않을까?

최근 일본에서는 보고 듣고 말하기 위한 센서가 장착되고, 사람과

똑같은 외모를 가진 인간형(humanoid) 로봇이 등장해 큰 화제를 모았다. 고령화 시대를 맞이하여 이런 로봇의 수요는 점점 더 늘어날 것이다.

강아지, 고양이 모습을 한 반려로봇도 큰 인기를 얻고 있다. 사람들은 가정용 로봇 청소기에도 이름을 붙여주고 감정 이입을 한다. 하물며 강아지나 고양이 모습을 한 로봇이라면? 정말 살아 있는 생명체처럼 귀여울 것이다.

한국에서도 머지않아 외출을 하고 돌아오면 반려로봇이 꼬리를 흔들며 주인을 반기는 모습을 흔히 볼 수 있을지도 모르겠다.

친구라는 연금에 가입하라

은퇴 후의 삶에서 가장 필요한 것은 마음을 나눌 수 있는 존재다. 자칫 고독할 수 있는 은퇴 이후의 삶에 조건 없는 사랑을 제공하는 반려동물의 존재는 그래서 참으로 감사하다. 그러나 한편으론 정서적인 유대관계를 사람이 아닌 동물과 나누어야 할 만큼 우리 인간관계가 메말랐나 싶어 쓸쓸해진다.

친구가 없으면 어딜 가도 재미가 덜하다. 술 한 잔 생각이 날 때도 그렇고, 음악회나 미술관에 가서 작품을 감상할 때도 그렇다. 복지관이나 문화센터에 가서 강좌를 듣더라도 함께 할 이가 없으면 꾸준히 나가지 못한다. 사소한 불평이나 그날의 감상을 털어놓을 이가 없으면 스트레스가 쌓이는 기분이다.
정년퇴직한 어느 가장의 이야기다.

> 정년퇴직한 뒤 가족들도 상대를 해주지 않으니 나날이 우울해집니다. 자식들과 더 많은 시간을 갖고 싶은데 뜻대로 되지 않습니다. 애들은 저마다의 스케줄로 바쁩니다. 대화하고 싶어 다가가면 "정작 아빠가 필요할 때는 없다가 이제 와서 왜 그러세요?"라며 귀찮다는 듯 꽁무니를 뺍니다.
> 술도 좋아하고 친구도 좋아했지만 막상 직장을 그만두고 보니 연락할 친구가 없습니다. 친구가 먼저 연락을 해와도 몇 마디 하다가 금방 전화를 끊어버립니다. 내 초라한 현재 모습을 들킬 것 같은 자존심 때문입니다.

최근 젊은 층을 중심으로 밥을 먹을 때도 혼자 먹고, 노래방을 가더라도 혼자 가고, 술을 마실 때도 혼자 마시는 '혼놀족'이 하나의 문화가 되고 있다. 그러나 은퇴자가 혼놀족이 되는 것은 위험하다.
내가 무료하다 보니 아내가 외출이라도 하면 불만이 생기고 점점 간섭과 투정도 심해진다. 해가 떨어지면 내일은 또 무얼 하나 하는 마음에 우울해지고 잠이 오질 않는다. 이렇게 되면 정말 큰일이다. 오늘도 우울, 내일도 우울, 계속 우울 모드로 지내다 보면 결국 가게 될 곳은 병원뿐이다. 마음 편히 술 한 잔 기울일 친구 한 명이면 다 해결될 일인데 말이다.

친구들과 모여 바둑을 두고 근처 고깃집에서 간단하게 술잔을 기울였을 때 평소 무뚝뚝하던 친구가 뜬금없이 말했다.

"나이 들고 보니 결국 친구가 연금이더라."

편한 말 상대, 한 잔할 친구, 같은 취미를 가진 동호인 등 마음이 맞는 상대는 많을수록 좋다. 노후에는 돈이 최고라지만 친구는 돈만큼 의지가 되는 존재다. 노후의 외로움, 고독함만큼 사람을 비참하게 하는 것도 없다.

전화 한 통으로 당신에게 달려올 친구, 또 당신이 달려갈 친구가 몇 명이나 있는가. 친구의 부름을 외면하지 않고 잠깐 얼굴이라도 비칠 성의가 있는가. 나이가 들수록 내가 먼저 다가가려는 노력이 필요하다. 상대방이 먼저 다가오기를 바란다면 점점 더 외로워질 뿐이다.

바버라 브래들리 해거티의 《인생의 재발견》을 보면 이런 말이 나온다.

"우정이 건강에 더 보탬이 된다."

가족과 달리 친구는 선택할 수 있기 때문이라고 한다.

나이가 들수록 앞날에 대한 불안감이 더욱 자주 찾아온다. 호모 헌드레드들은 은퇴 이후 오랜 세월을 살아가야한다. 잠시나마 불안을 잊고 인생을 즐겁게 살려면 친구라는 연금이 필요하다. 가입금도 필요 없으니 얼마나 좋은가. 다른 이에게 먼저 다가갈 용기와 의욕만 있으면 충분하다. 그러니 이순재 씨의 유명한 광고처럼 '묻지도 말고, 따지지도 말고' 친구라는 연금에 가입하자.

· 3장 ·

나이 듦을 예습하다

#폭주노인 #멋진어른 #고독사 #변화문맹자
#그레이신사 #긍정적마인드

우리는 노인, 노년의 삶을 이야기할 때 주로 신체기능의 퇴화, 고독함, 경제력의 상실 등을 이야기한다. 그러나 마음먹기에 따라 노년의 삶도 얼마든지 달라질 수 있다. 방법은 긍정적인 마인드로 사는 것이다.

당시 연구자들이 머물던 숙소에서 연구실까지는 2~3분 거리였다. 이어령 교수님은 그 짧은 거리를 이동할 때에도 깔끔하게 정장에 넥타이를 매고 다니셨다. 한국 지성인은 이렇다는 것을 일본인들에게 보여주고 싶으셨던 걸까?

노후라는 미지의 세계를 향해

오늘 가장 젊은 당신에게 부여된 리포트

10년 전쯤의 일이다. 퇴근길에 엘리베이터를 탔더니 꼬마와 엄마가 타고 있었다. 꼬마가 층수 버튼을 누르며 장난을 치니까 엄마가 말했다.

"그러면 할아버지한테 혼난다!"

한마디로 쇼크였다. 지하철을 탔는데 젊은이가 자리를 양보해주어 충격을 받았다는 친구의 이야기를 듣고 '나는 아직 할아버지로 보이지 않겠지?' 하고 생각했기 때문이다. 내가 보는 나와 다른 사람이 보는 나 사이에 갭이 존재한다는 것을 처음 느낀 순간이었다.

나이가 든다는 것은 누구나 처음 해보는 경험이다. 어느 예능 방송 프로그램에서 윤여정 씨가 "60이 되어도 인생을 몰라요."라고 말했던 것처럼 나이가 많고 적고에 관계없이 삶의 매 순간은 누구에게나 새롭다. 나이 듦도 마찬가지이다.

어느 날 친구가 재미있는 이야기를 보내주었다.

> 병원에서 진료를 기다리고 있었을 때의 일입니다. 벽에 걸린 의사면허증을 보다가 문득 그 이름이 40년 전 나와 같은 반이었던 키 크고 멋진 소년과 같다는 것을 깨달았습니다.
> '설마 여기 의사가 내가 고등학교 때 몰래 좋아했던 그 친구인가?'
> 괜히 두근대며 진료 차례를 기다렸지요. 그런데 의사를 마주한 순간 그런 생각이 완전히 사라져버렸습니다. 대머리에 주름살이 깊게 파인 남자는 내가 기억하던 소년이 아니었습니다. 내 동급생이라고 하기에는 너무 늙어 보였지요. 진료가 끝난 후 나는 그에게 물었습니다.
> "혹시 ○○고등학교에 다니지 않으셨어요?"
> "네! 다녔습니다. 좀 우쭐댔었지요."
> "언제 졸업하셨어요?"
> "1975년인가? 그런데 왜 그러시죠?"
> "그럼 우리 반이었네!"
> 그러자 늙고, 대머리에, 주름살 가득한 그가 나를 뚫어지라 보며 묻더군요.
> "잘 생각이 안 나는데……, 혹시 그때 어떤 과목을 가르치셨는지요?"

자기 얼굴은 매일 보기 때문에 조금씩 변해가는 것을 자각하기 어렵다. 그런데 오랜만에 친구를 만나면 변해버린 모습에 깜짝 놀라는 경우가 있다.

"야! 너 진짜 많이 늙었다."

이렇게 말하면 친구가 코웃음을 치며 응수한다.

"인마, 너는 안 늙은 줄 아냐."

우리는 서로 만만치 않게 늙었음을 확인하고 웃어버린다. 나이가 들었다는 것은 다른 사람을 통해 더 자주 확인하게 된다.

나이를 먹을수록 노성자각(老性自覺)을 하게 되는 일이 빈번하게 일어난다. 신체적 변화를 포함해 나이 먹었음을 느끼는 것을 노성자각이라고 한다. 골프를 칠 때 과거에는 드라이버를 250m 정도 날렸다면 이제는 200m도 못 날린다. 바둑을 둘 때 깊이 생각하지 않고 덜컥 수를 놓게 되기도 한다.

부정하고 싶어도 자기의 일상생활에서 스스로 나이 들었음을 느끼게 되는 일들이 너무나 많다. 분하고 억울하다는 생각이 들어도 어쩔 수 없다. 지하철에서 젊은이들이 자리를 양보해주면 '나는 아직 자리를 양보받을 만큼 늙지 않았다.'라고 무언의 항변을 하는 심정으로 정말 피곤하지 않은 이상 좀처럼 자리에 앉지 않는다.

과거 일본에 있을 때 신문 투고란에서 한국에 여행 가서 지하철을 탔는데 젊은이가 자리를 양보해주거나 다른 승객이 가방을 받아주어서 깜짝 놀랐다는 글을 읽은 적이 있다. 한국은 역시 유교적인 전통이 살아 있는 나라라는 것, 그러면서도 한편으론 '혹시 내 가방을 가지고 도망가는 것은 아닐까' 하고 걱정스러웠다는 내용이었다.

그런데 요즘 버스나 지하철을 타면 젊은이들은 스마트폰을 들여다보거나 피곤해서 잠을 청하는 경우가 많은 것 같다. 그래서 오히려 나이 지긋한 분들이 자기보다 연배가 있는 분에게 자리를 양보한다. 서로의 처지를 잘 이해하기 때문일까?

노성자각은 사람에 따라 다르겠지만 요즘은 건강한 슈퍼 노인이 많아서인지 그다지 실감하지 못할 수도 있겠다. 그러나 노화란 어느 날 갑자기 찾아오는 것이 아니다. 자기도 모르는 사이에 슬그머니 다가와 있다. 오늘까지는 젊은이고 내일부터는 노인이라고 선을 그을 수도 없다. 스스로 노화에 대한 자각이 없더라도 몸과 마음은 서서히 변화를 겪게 된다.

정말 노인이 되었다는 것을 깨달았을 때는 이미 늦다. 내 경우 노성자각은 노후를 준비하는 모티베이션이 되었다. 노후생활자금, 건강관리, 취미생활, 지적활동, 인간관계, 죽음 등에 대해 미리 생각하고 준비하면 나이 듦이 두렵지만은 않다.

그런 의미에서 나이 듦을 자각하고 준비하는 것은 오늘 가장 젊은 모든 이들에게 부여된 리포트라고 할 수 있다.

젊음에 대한 강박을 내려놓자

72세를 일기로 작고한 일본의 그림책 작가 사노 요코(佐野洋子)의 《사는 게 뭐라고(役にたたない日々)》를 보면 이런 부분이 나온다.

> 역사상 최초의 장수 사회를 살아가는 우리 세대에게는 생활의 롤모델이 없다. 어둠 속에서 손을 더듬거리며 어떻게 아침밥을 먹을지 스스로 모색해나가야 한다. 저마다 각자의 방식을 찾아야 하는 것이다.

그녀의 말처럼 평균수명은 점점 늘어가는데 나이 든 이후의 삶에 대해 말해주는 이는 드물다. 노년의 삶과 죽음에 대한 그녀의 시선은 한마디로 시크하다.

그녀의 또 다른 책 《문제가 있습니다(問題があります)》를 보면 이런 부분도 있다.

> 일본은 평화롭고 근사하다. 구십이 넘은 할아버지가 죽을힘을 다해 겨울 산에 오르거나, 바닷속으로 뛰어들거나, 철봉으로 기계체조를 한다. 나이에 굴하지 않겠다는 의지를 온몸으로 표출한다. 추하다. 나이를 이긴다든가 진다든가 그런 표현에 구역질이 난다. 노인은 노인으로 좋지 않은가?

노후라는 미지의 세계를 향해

다소 과격하지만 나는 그녀의 솔직 담백함이 좋다. 이 대담하고 조금은 삐딱한 작가는 마치 늙음을 죄악처럼 여기는 요즘 세대에 생각할 거리를 제공해 준다.

우리는 세상의 규범이나 상식에서 벗어난 사람을 영웅시하는 경향이 있다. 최근 20대 못지않은 탄탄한 몸을 자랑하거나 마라톤 풀코스를 완주하는 일명 '슈퍼 노인'이 신문이나 잡지 특집호의 주인공이 되고 있다. 방송에서는 특별 프로그램을 편성해서 마치 슈퍼 노인이 이상적인 노인인 양 보도하는 등 부산을 떨기도 한다.

솔직히 말해 그런 슈퍼 노인은 정말 특별한 사람들이며 극소수에 불과하다. 나이 들어 보이지 않기 위해 지나치게 외모에 신경 쓰고, 나의 젊음을 과시하려고 힘에 부치는 일에 도전하는 것은 많은 에너지를 소모시킨다. 이것은 모두 젊음에 대한 이 시대의 지나친 강박이 아닐까? 진정한 청춘을 유지하려면 몸을 가꾸는 일도 중요하지만 내면세계의 젊음 유지에도 관심을 가져야 한다고 생각한다.

게이오대학 의학부는 일본 전국 100세인 500명을 대상으로 12년간 장수의 비밀을 밝히기 위한 면접 조사를 실사한 결과를 최근 발표했다. 100세인의 성격을 분석한 결과 그들은 '외향성', '성실성', '개방성'이 다른 이들보다 높은 것으로 나타났다.

여기서 외향성이란 다른 사람들과 교제가 활발하고, 외출이나 모임을 즐기며, 인간관계로 인한 스트레스에 강한 성격을 말한다. 성실성은 사물을 정확하게 처리하고 자기 단련을 할 수 있는 성격을 말한다.

성실성이 높은 사람은 바르고 규칙적인 생활을 하고 의사의 지시에도 잘 따르는데, 이러한 성격이 건강한 삶으로 이어질 가능성이 높다. 개방성은 여러 가지 일에 흥미를 느끼고, 예술적 감각이나 상상력이 풍부한 성격을 말한다. 개방성이 높은 사람은 환경이 바뀌어도 적응능력이나 인지능력이 높다고 할 수 있다.

그뿐만 아니라 100세인은 가족, 주변 사람들과 원만한 인간관계를 유지했다고 한다. 이미 몸에 배어있는 성격을 바꾸기는 쉽지 않지만 이런 성격의 소유자가 장수할 확률이 높다고 하니 관심을 가져 볼 만하다.

나는 교수라는 직업상 매일 청춘들을 만났다. 흔히 젊은이들을 만나면 기를 받는다고 하는데 경험상 그런 것 같다. 그들과 만나 대화를 나누면 최신 트렌드를 알게 되고 고정관념이나 아집에서도 탈피하게 된다.

젊은 제자들에게 무언가 통하는 교수가 되기 위해 노력하다 보니 긍정적인 효과가 있었다. 개방적인 사고를 하기 위해 늘 성실하게 노력하게 된다는 점이다. 그런 마음가짐이 나의 내면세계를 젊게 유지하도록 도와주었다.

제자들이 나를 노인 취급하지 않고 허물없이 대하며 대화를 청해 올 때 나는 내가 여전히 청춘임을 실감한다. 나에게 청춘이란 젊은 육체가 아닌 젊은 마음의 상태다. 그러니 얼굴 주름을 펴는 일보단 점점 낡아지는 생각과 아집이라는 내면의 주름을 펴는 일에 더 신경을 써보자.

문제는 남은 삶의 질이다

계절의 변화는 춘하추동으로 구분하고 방향은 동서남북으로 분간한다. 어떤 사항을 논할 때는 기승전결로 전개한다. 이렇게 4분법은 너무나 자연스러운 이치다.

고대 인도에서는 사람의 일생을 '4주기(四住期)'로 나누었다. 이는 일생을 학생기(學生期), 가주기(家住期), 임주기(林住期), 유행기(遊行期)로 구분하여 각 시기마다 삶의 방식을 나타낸 매우 흥미로운 사상이다.

호모 헌드레드들의 일생도 4분법으로 나눌 수 있다.

1기는 태어나서부터 25세, 2기는 50세, 3기는 75세, 4기는 100세까지다. 그중 3기가 임주기라고 할 수 있다. 임주기는 은퇴 전후의 삶이며 50~75세에 해당한다.

이 시기를 어떻게 보내느냐에 따라 노후의 삶의 질이 달라진다. 임주기는 좋든 싫든 호모 헌드레드 시대를 앞둔 우리들의 새로운 출발점이라고 할 수 있다.

그렇다면 한국인들의 임주기는 어떤 모습일까? 영국의 헬프에이지 인터내셔널이 세계 노인의 날을 맞이하여 발표한 '2014년 세계 노인 복지 지표'를 한 번 살펴보자.

조사대상 96개 국가 중 전체 1위를 차지한 나라는 노르웨이였다. 스웨덴과 스위스가 그 뒤를 이었고, 미국은 8위, 일본은 9위에 올랐으며 아프가니스탄이 최하위를 기록했다. 그리고 한국 노인의 복지 지표는 실망스럽게도 50위를 차지했다. 경제협력개발기구(OECD) 회원국 중 최하위에 해당하는 순위다.

"설마……, 우리나라가 그럴 리가 있겠어?"

"혹시……, 통계가 잘못된 거 아닐까?"

이렇게 생각할 수도 있겠다. 하지만 스리랑카(43위), 베트남(45위), 중국(48위) 등 다른 아시아 국가들보다 순위가 낮은 것이 대한민국의 현실이다.

내용을 구체적으로 살펴보면 소득보장 영역에서 80위, 건강상태 영역에서 42위, 취업과 교육역량 영역에서 19위, 우호적 환경 영역에서 54위를 기록했다. 전년도 91개 국가 중 90위를 차지했던 소득

보장 영역은 80위로 다소 높아지긴 했지만 노인 빈곤율이 47.2%로 최하위 수준이었다. 연금소득 보장률(77.6%)과 노인의 상대적 복지율(62%)도 다른 국가에 비해 낮은 수준이다.

건강상태 영역은 전년도 8위에서 42위로 순위가 대폭 하락했다. 60세의 기대수명(24년)과 60세의 건강 기대수명(18년)은 큰 변동이 없었으나 자신의 삶이 의미 있다고 생각하는 '상대적 심리·정신적 복지' 부문에서 부정적인 응답이 많은 것이 순위 하락에 영향을 미쳤다.

취업과 교육역량 영역은 2013년과 같은 19위로 노인의 고용률(63.1%)과 중등 이상의 교육을 받은 60세 이상의 인구 비율(50.3%) 모두 상대적으로 높은 수준이었다. 노인들이 살아가는 환경에 대한 지표인 우호적 환경 영역은 35위에서 54위로 19계단이나 하락했다.

어려운 상황에 부닥쳤을 때 기댈만한 친인척이나 친구가 있다는 사회적 연결(60%), 거주지에서 밤에 혼자 걸어도 안전하다고 느끼는 신체적 안전(59%), 하고 싶은 일을 자유롭게 선택할 수 있다고 생각하는 시민의 자유(67%), 거주지역의 대중교통 시스템에 만족한다는 대중교통 접근성(71%) 등 대부분 지표에서 2013년보다 낮은 평가를 받았다.

이 지표를 통해 우리는 냉혹한 현실과 마주하게 된다. 화려한 도시의 겉모습에 취해 모두 선진국 수준의 삶을 누리면서 행복하게 살아가고 있는 것 같지만 고개를 조금만 돌려보면 출구 없는 세상 속에서 하루하루를 힘겹게 살아가는 노인들이 많다.

그렇다면 한국의 노인은 왜 이렇게 가난한 걸까? 일하지 않기 때문일까?

통계청이 발표한 '2014년 고령자 통계'를 보면 2013년 55세 이상 고용률은 47.2%였고, 65세 이상은 30.9%였다. 또한 2013년 고용률을 연령대별로 보면 '60~64세'가 57.2%로 '20대'의 56.8%보다 0.4% 높게 나타났다.

이는 경제활동 인구조사를 시작한 1963년 이래 처음 일어나는 일이라고 한다. 뿐만 아니라 한국 노인들의 취업률은 OECD 회원국의 평균 노인 취업률보다 3배나 높다. 하루라도 더 경제수명을 늘리기 위해 일을 하고 있다는 것이다.

일본 유학 시절 에도막부 초대 장군인 도쿠가와 이에야스(德川家康)의 후손인 지도 교수님의 별장에서 머문 적이 있다. 규모는 그리 크지 않았지만 천정이 매우 높은 집이었다. 아담하고 앤티크한 소품들로 꾸며진 서재가 특히 마음에 들었다. 나도 언젠가 이런 별장을 짓고 서재에서 책을 보면서 지적인 노후를 보내고 싶다는 생각을 했다. 지도 교수님의 여유로운 노후생활이 내심 부러웠다.

당시 내가 일본에서 만난 사람들의 노후는 비교적 여유로운 편이었다. 일본은 일찍부터 전 국민을 대상으로 하는 국민연금과 직장에 다니며 내는 후생연금 등 공적, 사적 연금제도가 잘 마련되어 있었기 때문이다. 하지만 최근 위기론이 대두되고 있다.

NHK는 일본의 하류노인이 600만 명을 넘어섰다고 말했다. 그리고 그중 3분의 1은 의식주와 관련한 모든 면에서 자립능력을 상실하고 고립된 노후파산의 삶을 살고 있다고 지적했다. 국가적으로 고령화에 적극적으로 대비해온 일본의 위기는 한국에 시사하는 바가 크다.

앞으로 우리는 노후의 삶을 어떻게 대비해야 할까? 국가와 개인이 함께 고민해봐야 할 것이다.

어른은 인자하고 지혜롭다는 편견

외로움과 소외감이 폭주노인을 만든다

공자는 《논어》〈위정편〉에서 60을 이순이라 했다. 60세부터는 생각하는 것이 원만하여 쉽게 폭발하거나 동요하지 않는다는 의미다. 그러나 최근 '폭주노인'이 급증하고 있다. 폭주노인이란 말은 후지와라 도모미(藤原智実)가 쓴 《폭주노인(暴走老人)》이라는 책에서 파생된 말이다. 한마디로 난폭한 노인이란 뜻이다.

노인이라는 단어가 주는 이미지는 어떠한가? 늙고 초라한, 무기력하고 폐쇄적인, 권위적이고 보수적인, 배려심 없고 이기적인 등등 부정적인 이미지가 강하다. 물론 이와 반대로 지혜롭고 인자한, 배려심 넘치는, 성숙한, 달관한 등의 긍정적인 이미지도 있다.

과거에는 노인이 인생의 선배이자 길잡이로서 긍정적인 이미지가 더 강했다면 최근에는 부정적인 이미지가 심화하고 있다. 노인 범죄가 끊임없이 뉴스를 장식하고 노인들의 매너에 대한 자성의 목소리가 커지고 있기 때문이다.

일본에는 '단카이 몬스터(団塊モンスター)'라는 말이 있다. 이는 사회에 적응하지 못하고 문제를 일으키는 단카이 세대를 일컫는 신조어다.

한국 베이비붐 세대처럼 단카이 세대는 경쟁에 익숙하고, 조직에 대한 충성심이 강하다. 그들은 평생 완벽하게 회사의 부속품으로 살았다. 그러다 보니 은퇴 후에는 할 일이 사라져서 무료해진다. 또 가족들과 마찰을 빚기도 한다. 회사에서 하던대로 가족들을 관리하고 군림하려고 하기 때문이다.

한때 일본 경제성장의 주역이었지만 이제는 가정과 사회로부터 소외된 단카이 세대들은 무기력함과 소외감, 자괴감을 느낀다. 이것이 울분이 되어 한 사람을 폭주상태에 이르게 하기도 한다.

《폭주노인》을 보면 분노를 표출하며 폭력을 휘두르는 잔인하고 이기적인 일본 노인들의 이야기가 소개된다. 굳이 책을 보지 않아도 텔레비전 뉴스나 신문 등에서 잔혹한 범죄를 저지른 노인들의 사례를 심심치 않게 볼 수 있다.

어디 일본뿐인가. 한국도 폭주노인이 사회문제로 대두되고 있다.

- 자신의 험담을 한다는 이유로 동네 할머니에게 농약이 든 사이다를 건넨 80대 할머니
- 배에 탄 젊은 연인을 살해한 70대 어부
- 묘지 이장 문제로 말다툼을 벌이다 엽총으로 조카들을 살해한 70대 삼촌

이렇게 도저히 노인이 저질렀다고는 믿을 수 없는 잔혹한 범죄가 사회면을 장식한다.

전문가들도 노인 범죄는 복합적인 원인에 의해 발생한다고 말한다. 사회가 급격하게 변화하면서 변화에 적응하지 못하고 소외된 노인들의 자괴감과 고독감이 종종 폭력으로 분출된다는 것이다. 또 노인들은 나이가 들수록 어린아이처럼 변해 충동이나 분노를 조절하지 못하는 경우가 있다. 이 역시 노인 범죄 증가의 한 원인으로 작용한다.

경찰청에 따르면 2014년 입건된 전체 피의자 171만2,435명 중 61세 이상은 15만902명으로 전체의 8.8%를 차지했다. 대검찰청의 범죄 분석 자료를 보면 전체 범죄자 중 60대 이상의 비율은 2004년 3.3%, 2006년 4.4%, 2008년 4.9%, 2010년 6%, 2012년 6.6%, 2013년 7%로 해마다 꾸준히 증가했다. 다른 연령대의 범죄율은 점점 줄어드는데 유독 노인층의 범죄율만 상승한 것도 주목해서 보아야 할 것이다.

뉴스면을 장식할 만한 극단적인 사례는 아니지만 나도 화를 참지 못하는 노인을 본 적이 있다.

진료를 받으러 병원에 갔을 때의 일이다. 다른 환자의 진료가 길어져 꽤 많은 사람들이 대기하고 있는 상태였다. 그런데 한 할아버지가 예약시간에 맞추어 왔으니 당장 진료를 받게 해달라고 불같이 화를 내기 시작했다.

간호사가 기다리게 해서 죄송하다고 몇 번이나 고개를 숙이며 사과를 했지만 할아버지는 좀처럼 화를 가라앉히지 못했다. 그 자리에 있던 사람들은 모두 할아버지가 폭력적인 행동이라도 할까 봐 긴장했던 기억이 난다.

감정을 억제하지 못해 사소한 일이 불행한 사건으로 이어지는 경우가 얼마나 많은가. 노인들은 때로 아무것도 아닌 일에 벌컥 화를 내고 사소한 일로 삐친다. 그러니 감정을 컨트롤하는 능력을 키워야 한다. 또 자신의 분노를 자기보다 약한 사람에게 전가해서도 안 된다.

분노에 타오르는 감정을 조절하기 위해서는 무엇보다 인내하는 힘을 길러야 한다. 화가 치밀었을 때 곧바로 행동하면 결국 후회하게 될 일을 저지를 수 있다. 그러니 화가 날수록 한 템포 늦게 행동하는 습관을 들이자. 그 잠시의 텀이 이성적인 판단을 하고 화를 식히는 여유를 가져다준다.

긍정적인 마인드를 갖기 위한 자기 암시

호주 퀸즐랜드대학 연구팀이 65~90세를 대상으로 2년간 삶의 태도와 수명에 관한 연구를 했다. 연구는 대상자들에게 긍정적인 이미지와 부정적인 이미지를 보여주고 어떤 사진을 더 잘 기억하는지 묻는 것으로 진행됐다. 연구결과 긍정적인 이미지를 더 잘 기억한 이들은 반대의 경우보다 면역기능이 훨씬 좋은 것으로 나타났다. 긍정적인 것에 집중하는 사람일수록 면역체계가 강해져 장수할 가능성이 높다는 것이다.

우리는 노인, 노년의 삶을 이야기할 때 주로 신체기능의 퇴화, 고독함, 경제력의 상실 등을 이야기한다. 그러나 마음먹기에 따라 노년의 삶도 얼마든지 달라질 수 있다. 방법은 긍정적인 마인드로 사는 것이다.

사람의 의식이나 행동은 상상 이상으로 자기 암시에 지배를 당한다. 자기 암시란 스스로 자기의 가까운 미래를 예측하는 것이다. 암시에는 좋은 암시와 나쁜 암시가 있다. 프랑스의 약사이자 심리학자인 에밀 쿠에의 '자기 암시법'을 소개한다.

19세기, 에밀 쿠에가 운영하는 진료소에 신경통 때문에 머리와 팔다리가 떨려서 지팡이가 없으면 도저히 걸을 수 없는 한 남성이 찾아왔다. 그는 매사 어둡고 부정적으로만 생각하는 사람이었다. 에밀 쿠에는 그에게 '나는 좋아지고 있다. 하루하루 나아지고 있다.'와 같은 자기 암시를 반복하도록 했다. 이후 그의 몸의 떨림이 멈췄다.

또 다른 부인은 진료소를 찾아와 이렇게 호소했다.

"난 불행한 사람입니다. 어쩌다 보니 병까지 얻었네요."

그 불행한 부인의 말에 에밀 쿠에가 대답했다.

"당신의 병은 모두 스스로 만들었군요."

그리고 그녀에게 '나의 고통은 줄어들고 있다.'라는 암시를 반복하라고 일러주었다. 그의 말을 따른 부인도 병이 나았다.

에밀 쿠에의 자기 암시법은 오늘날에도 스포츠의학 등 많은 분야에서 유용하게 사용된다. 이 암시법의 핵심은 '인간은 자기가 생각한 대로의 결과를 만든다.'라는 것이다. 상상력이란 어떤 생각이나 의식보다 강해서 상상력을 가미한 반복적인 암시는 몸과 마음을 변화시킨다.

물론 현실은 항상 좋은 일만 있는 것이 아니다. 그래서 결심과 다르게 부정적인 마음을 갖게 될 때가 있다. 또한 사람은 나이가 들면 젊을 때보다 더 쉽고 깊게 부정적인 사고에 빠져들게 된다.

'나이는 자꾸 먹는데 저축해 놓은 것도 없고, 연금은 쥐꼬리만 하고, 정말 어떻게 살아야 할지 막막하다.'

이런 생각에 사로잡혀 있다면 이제 마음을 달리 먹을 때다. 좋은 상상을 하고 긍정적인 암시를 하면 진짜 그렇게 실현된다. 안 좋은 상상과 부정적인 암시도 마찬가지다. 그러니 둘 중 하나를 선택하자.

알베르트 아인슈타인은 말했다.

"상상력이 지식보다 중요하다."

왜 이런 말을 했을까? 우리의 상상력은 경험보다 앞서기 때문이다.

바닷가로 휴가계획이 잡혀있다고 가정해보자. 작열하는 태양, 뜨거운 모래, 발목을 휘감는 강한 파도를 우리는 상상 속에서 먼저 경험한다. 만약 파도에 휩쓸려 바다에 빠지는 무서운 상상을 반복한다면? 휴가지를 변경하지 않고는 못 배길 것이다.

"나는 매일매일 모든 면에서 더 좋아지고 있다."

이런 암시도 좋고, 당신만의 긍정문을 만드는 것도 좋다.

그리고 부정적인 상상 대신 내가 원하는 나의 모습, 나에게 걸맞은 나의 모습을 상상해보자. 모든 상상이 실현되는 것은 아니다. 하지만 모든 성공한 사람들은 항상 긍정적인 마인드로 좋은 상상과 좋은 암시를 했음이 틀림없다.

멋진 어른으로 나이 드는 일

젊을 때는 누가 다른 의견을 내도 "아, 그런가요. 그렇게 생각할 수도 있겠네요."라고 유연하게 받아들일 수 있다. 그런데 나이가 들수록 내 의견과 조금만 달라도 서운하게 여겨지고 그 생각은 잘못됐다고 강하게 거부하거나 화를 내게 된다.

"우리 때는 이랬는데 너희들은······."

"내가 해봐서 아는데 요즘 사람들은 말이야······."

이런 말을 앞세우며 청하지도 않은 가르침을 주겠다고 나서게 된다면, 그건 십중팔구 나이가 들었다는 증거다. 나이가 들수록 입은 닫고, 귀를 여는 노력을 의식적으로 하지 않으면 흔히 말하는 '꼰대' 소리를 듣기 십상이다. 내 의견에 동의하지 않는다고 모욕감을 느낄 일이 아니다.

요즘 젊은이들처럼 많이 배우고 똑똑한 이들이 과거에 있었던가? 이런 우수한 젊은이들이 나이 든 사람들의 지시만 따른다면 그것은 한국 사회가 발전이 아닌 퇴보의 길을 걷는다는 증거다. 열린 마음으로 젊은이들의 의견을 경청하자. 또 나와 다른 의견일지라도 논리적으로 이해가 되었다면 인정하고 받아들이는 용기를 갖자.

개인적으로 지혜로운 노인과 그렇지 못한 노인의 결정적인 차이는 자신을 컨트롤할 줄 아는 능력에 달려있다고 생각한다. 앞서 소개한 병원에서 만난 할아버지처럼 간호사에게 분노를 표출하는 노인, 도저히 받아들일 수 없는 천박한 폭언을 하는 노인, 식당에서 종업원에게 함부로 반말하는 노인처럼 배려심 없고 이기적인 이들은 멸시의 대상이 된다.

젊은이들에게 부끄러운 짓을 하는 노인들을 볼 때면 같은 세대로서 부끄러움을 느낀다. 나는 노인은 사회의 어른으로서 젊은이들에게 최소한 폐가 되지 않고, 본보기가 되도록 노력해야 한다고 생각하고 있다.

물론 나도 완벽한 사람은 아니다. '멋진 어른'이 되고 싶지만 늘 이상과 현실 사이의 벽에 부딪힌다. 집사람에게 따뜻한 말 한마디라도 더 해주고 싶고, 자식들에게 경제적으로 도움을 주고 싶고, 손주들에게 책도 읽어주고 싶고, 후배와 제자들에게는 현명한 조언을 해주는 어른이 되고 싶다. 하지만 그렇지 못한 경우가 더 많다.

일단 경제력이 있다면 좀 더 쉽게 멋진 어른이 될 수 있다. 자식들이 어려움에 부닥칠 때, 손주 녀석들의 생일이나 입학 등에 고민 없이 지갑을 열 수 있으니 말이다. 그래도 나는 내 능력껏 분수에 맞게 돈을 쓰는 것이 결국 모두에게 이롭다는 사실을 늘 기억하려고 한다.

돈은 내 능력 밖의 일이라 손치더라도 자신을 늘 점검하는 노력은 할 수 있다. 혹시 교양과 상식에서 벗어난 행동을 하고 있지는 않은가? 주변에 폐를 끼치고 있는 것은 아닌가? 지나친 내 자랑, 잔소리를 하는 것은 아닌가? 이렇게 몇 가지 사항만 점검해도 민폐 노인 소리는 듣지 않을 것이다.

일본의 이상적인 노인상을 조사해 보면 먼저 몸가짐이 깨끗해야 한다고 한다. 그리고 다소의 경제력을 갖추고 지적이어야 하며, 문화 예술을 즐길 줄 알아야 한다. 또 남에게 폐를 끼치지 말아야 한다.

그렇다면 한국의 이상적인 노인은 어떤 모습일까? 어느 기관에서 2010년에 한국인 1,000명을 대상으로 조사한 자료를 보면, 경험이 많은(34.9%), 정이 많은(18%), 지혜로운(16.1%), 희생적인(14.5%), 공경할 만한(10%), 모범적인(3.8%) 순으로 나타났다.

또 다른 기관의 조사에 의하면 '깔끔하게 차려입고 다정하게 손을 잡은 채로 산책로를 걸으며 존댓말로 대화하는 부부'가 이상적인 노인의 모습으로 꼽혔다. 모두 상당한 노력이 필요하지 않을까 싶지만 아름다운 모습임에는 틀림이 없다.

미국 서던캘리포니아대학의 아드리안 레인 교수는 폭력적인 성향의 원인을 가정환경이 아닌 뇌의 결함, 즉 전두엽의 결함 때문일 수 있다고 지적했다. 전두엽에 문제가 생기면 감정과 분노를 조절하기 어려워진다.

문제는 나이가 들면 전두엽의 기능이 떨어지게 된다는 것이다. 그래서 때로는 감정을 조절하기 어려워지고 자신의 욕구에 대한 제어 능력도 떨어진다. 멀쩡한 노인이 나이가 들더니 변했다는 말을 듣는 것은 욕구 제어능력이 떨어졌기 때문일 가능성이 크다.

그래서 나는 노인들을 위한 교육이 꼭 필요하다고 생각한다. 나이가 들수록 소외감과 고독감이 커지고 충동적인 행동을 할 가능성이 커지므로 자신을 돌아보고 컨트롤할 수 있는 능력, 교양과 매너를 잃지 않는 방법 등에 대해 알고 배울 기회가 필요하다.

요즘 같은 호모 헌드레드 시대에 '나는 노인이니까 괜찮겠지.', '나이를 먹었으니 다들 봐주겠지.'와 같은 안일한 생각은 더 이상 통하지 않는다. 오래된 노인의 개념으로 자신에게 면죄부를 주지 말고 늘 배우고 익혀나가는 일을 게을리하지 말자.

또 젊은 세대들에게도 당부하고 싶은 것이 있다. 부모들 역시 자신도 어쩔 수 없는 몸과 마음의 변화를 겪고 있는 중이다. 부모님이 갑작스레 감정 기복이 심해지거나 가끔 이성적인 판단을 하지 못하고 고집을 부리는 일이 있더라도 넉넉한 마음으로 이해해주길 바란다.

우리 모두에게 나이 듦은 처음 겪는 일이며 겪어보기 전에는 결코 함부로 말할 수 없는 일이다. 부모는 부모대로, 자녀는 자녀대로 각자의 위치에서 서로를 존중하고 배려하고 이해하려는 노력이 필요하다.

넥타이를 매고 건넌방으로 출근하다

'공적 자기의식'을 갖자

앞에서 잠깐 이야기했듯이 나는 은퇴 이후 별장을 짓고 서재에서 지적인 시간을 보내고 싶었다. 은퇴한 지금 그때의 꿈이 어느 정도 실현되었느냐고 묻는다면 반은 이뤘다고 하겠다. 별장은 갖지 못했지만 작은 공간을 얻어 연구실을 꾸려놓고 그곳에서 강연 준비도 하고 책도 보고, 때로는 낮잠도 즐기면서 그런대로 지적인 시간을 보내고 있다.

현직에 있을 때 방학 동안에는 주로 절의 암자에서 지내면서 논문 작업이나 주요 포털사이트의 일본어 사전 업데이트 등 학술적인 작업을 했다. 학기 중에도 종종 금요일에 절에 들어가 월요일 아침에 내려왔다. 암자를 별장 삼아 지내 보았으니 별장을 가지는 것에 대한 미련은 없다.

　유학 시절 알게 된 어느 일본인 사업가는 개인 크루즈를 가지고 있었다. 내가 사진을 보고 감탄하니 은퇴를 하면 현해탄을 건너 부산까지 태워주겠노라 했다.

　은퇴 후 크루즈여행 역시 내 로망 중 하나였다. 아직 그 약속은 지켜지지 못했지만 연구실에서 음악을 듣고 차를 마시며, 친구들과 바둑을 두고 담소도 하면서 즐거운 시간을 보내고 있으니 내 생활에 그럭저럭 만족한다.

　내가 은퇴 이후의 삶을 준비하면서 제일 먼저 세운 계획은 '방콕'을 피해 개인 연구실을 얻어야겠다는 것이었다. 나 자신을 위해 한 일인데 어찌 된 것인지 아내가 더 좋아한다. 나이 들어서 삼시 세끼 남편 밥 챙기는 수고를 덜고, 자신의 라이프스타일대로 지낼 수 있으니 아내도 편안함을 느끼는 듯하다.

　은퇴 이후에도 긴장감을 잃지 않고 출근하듯 연구실에 나오는 일. 나는 나 자신과 한 약속을 지금까지 잘 지키고 있다. 내가 이렇게 '공적 자기의식'을 갖게 된 데에는 이어령 교수님의 영향도 있었다.

　안식년을 맞아 연구차 교토에 있는 국제일본문화연구센터에 가게 되었다. 국제일본문화연구센터는 나카소네 야스히로(中曾根康弘) 전 일본 수상이 일본 문화를 전 세계에 알리기 위해 각국의 연구자를 초청해 일본 문화에 대해 연구를 하는 연구기관이다.

나는 그곳에서 이어령 교수님과 잠시 함께할 기회를 얻었다. 당시 연구자들이 머물던 숙소에서 연구실까지는 2~3분 거리였다. 교수님께서는 그 짧은 거리를 이동할 때에도 깔끔하게 정장에 넥타이를 매고 다니셨다.

한국 지성인은 이렇다는 것을 일본인들에게 보여주고 싶으셨던 걸까? 아무튼 늘 정장 차림으로 연구실에 출근했다가 퇴근한 이후에 편안한 평상복으로 갈아입으셨다. 나도 덩달아 긴장감이 생겨 옷차림과 몸가짐, 언행에 신경 쓰게 되었다.

다른 사람들이 나를 어떻게 볼까에 대해 생각하는 것, 즉 자신의 의복, 행동, 언행 등에 신경 쓰는 것을 '공적 자기의식'이라고 한다. 공적 자기의식이 낮은 사람은 타인이 어떻게 보든 나만 편하면 된다고 생각한다. 그 때문에 몸가짐에 신경 쓰지 않고 때와 장소에 맞지 않는 행동을 하는 경우가 있다.

팬티 한 장만 걸치고 거실을 왔다 갔다 하는 남편은 공적 자기의식이 낮은 사람이다. 집에서만이라도 편하게 지내고 싶은 심정은 이해하지만 가장 가까운 타인인 아내 앞에서 팬티 한 장만 걸치고 다닌다는 것은 솔직히 너무한 행동이다. 아내에게는 추한 모습을 보여도 상관없단 말인가? 이것은 심하게 말해 아내의 인격을 무시하는 것이다.

한 유명 작가는 아침에 몸단장을 하고 구두까지 신은 다음 건넌방으로 들어가 글을 쓴다고 한다. 안방에서 건넌방으로 넘어가는 거리는 짧지만 '지금부터 나는 작가로서 작업을 시작한다.'라는 긴장감을 스스로에게 부여하는 것이다.

오늘 아무런 일정이 없는가? 그렇더라도 머리를 감고 옷을 단정하게 입는 자율적인 정신이 필요하다. 되도록 밝고 깨끗하게 차려입도록 하자. 당장 점심에라도 마음 내키는 대로 약속을 잡을 수 있는 여유가 생긴다.

명함은 넣어두라

처음 만나는 사람들은 명함을 주고받는다. 그 작은 명함에는 많은 정보가 담겨 있다. 얼마나 큰 회사에 다니는지, 얼마나 높은 직함을 가졌는지, 얼마나 명예로운 사람인지를 명함 한 장으로 표현할 수 있다.

오죽하면 '명함도 못 내밀고'라는 말이 생겼을까? 누구나 한번쯤 상대의 명함을 받고 그의 지위를 확인한 뒤 갑자기 자신이 초라해지는 기분을 느껴본 적이 있을 것이다.

첫 만남에서 전 직장의 명함을 내미는 사람이 있다. "이제 은퇴했습니다."라는 말을 덧붙여도 기분이 이상해질 때가 있다. 그가 근무했던 직장의 규모가 크고 직함이 높을 때 그렇다. '내가 왕년에는 이렇게 잘 나가는 사람이었다.'라는 것을 은근히 어필하려 한다는 생각이 지워지지 않는다.

더 꼴불견인 건 현역 시절에 받았던 대접을 받으려고 할 때다. 과거 교수였다느니, 큰 회사 임원이었다느니 묻지도 않은 얘길 꺼내놓는 것도 볼썽사납다.

우리가 직함에 집착하는 이유는 '후광 효과(halo effect)' 때문이다. 어느 국회의원은 현재는 낙선해서 국회의원이 아님에도 불구하고 현역 시절의 명함을 그대로 들고 다닌다. 국회의원이라는 직함은 두 줄로 그어버렸다 해도 명함을 받는 사람은 그가 과거 국회의원이었다는 사실을 알 수 있다. 후광 효과를 교묘하게 이용하는 것이다.

평생 직장생활을 해온 사람은 은퇴 후 직함이 없다는 것을 어색하게 느낀다. 자신이 어디에도 속하지 않은 보호막을 잃은 존재처럼 여겨지기 때문이다.

약육강식의 동물의 세계를 보면 동물들이 자기 영역을 지키기 위해 일부러 힘을 과시할 때가 있다. 큰소리로 으르렁거리는 사자처럼, 인간도 자신의 명예나 권위를 지키기 위해 명함을 버리지 못하는 것인지도 모르겠다.

명함으로 자신의 과거를 자랑하는 것 외에 한 가지 더 주의해야 할 것이 있다. 바로 불필요한 자랑을 늘어놓는 것이다. 언제나 그런 것은 아니지만 가끔 오로지 자기 자랑을 하기 위해 대화를 청해오는 사람들이 있다.

집 근처를 산책하다가 우연히 만난 70대 부부와 가벼운 대화를 하다가 커피숍으로 자리를 옮긴 적이 있는데 10분도 지나지 않아 후회하고 말았다.

"내가 당뇨가 조금 있어요. 그래서 이번에 우리 김 박사가 미국으로 초청을 했는데도 못 가볼 것 같습니다. 사위가 한사코 자기에게 진료를 받아야 한다고 말려서 말이죠. 김 박사는 미국에도 자기와 절친한 좋은 의사가 있으니 어서 오라 하고, 사위는 안 된다고 하고 아주 난감합니다. 여보, 우리 어떡할까요?"

알고 보니 김 박사는 그 부부의 첫째 아들이었다. 굳이 아들을 김 박사라고 칭하는 이유가 무엇인가? 아들이 박사학위까지 딴 고급인력임을 자랑하고 싶어서일 것이다. 1시간 남짓한 만남 동안 나는 노부부의 자식 자랑, 사위 자랑만 실컷 듣다 왔다.

요즘은 자랑하려면 돈을 내라는 우스갯소리가 있다. 친구나 지인을 만나면 서로 손주 사진이나 동영상을 들이밀며 자랑을 못 해 안달이다.

"정말 예쁘지 않니?"

"애가 나이답지 않게 아주 똑똑해."

그래서 손주 자랑을 하려거든 돈을 내고 하든가 밥을 사라고 한다. 여기서 한술 더 떠서 이런 말을 하기도 한다.

"돈을 줄 테니까 자랑 좀 그만해."

"차라리 밥 안 얻어먹고 자랑 안 들을래."

친한 사람들끼리 할 수 있는 허물없는 농담이지만 어느 정도 진심은 담겨 있다고 본다.

대화를 하다 보면 묻지도 않은 자기 자랑, 자식 자랑이 찐빵의 팥소처럼 들어가 있는 경우가 있다. 유명 대학을 나왔고, 유명 인사와 가깝게 지내고, 자식이 얼마나 출세했는지 등등 자랑을 하고 싶어서 못 견디는 것이다.

특히 과거에 높은 자리에 올랐던 엘리트일수록 자부심과 자만심에 빠져 자신이 '호모 데멘스(homo demens, 우매한 인간)'가 되는 줄도 모르고 자기 자랑을 늘어놓는다.

말이 많아졌다는 것, 자기 자랑이 늘었다는 것은 현재의 내 모습이 과거에 비해 초라하다고 느끼기 때문일지도 모른다. 예전처럼 대우받고 싶고 관심받고 싶은 마음은 이해하지만 이제 와 과거의 명함을 내미는 것은 아무런 가치도 없는 일이다.

차라리 그 시간에 자기 내면세계의 아이덴티티를 새롭게 정립하는 일에 몰두하는 편이 훨씬 낫지 않을까?

젊음, 문화와 예술과의 만남을 놓치지 말라

고대 그리스의 대표 철학자 플라톤은 이렇게 말했다.
"아리스토텔레스와 만남은 내 인생의 가장 큰 행복이다."
철학사에서 플라톤과 아리스토텔레스는 독보적인 위치를 점하고 있다. 기원전 367년, 61세의 플라톤이 17세의 명민한 제자 아리스토텔레스를 만난 것은 가히 운명적인 만남이라고 할 수 있다.

노후에는 두 가지 중요한 만남이 있다. 하나는 사람과의 만남이요, 또 다른 하나는 문화와 예술과의 만남이다.

먼저 사람과의 만남은 두말할 것도 없이 마음을 터놓고 이야기할 수 있는 친구를 말한다. 적어도 서너 명은 있어야 한다. 편하게 대화하고 취미생활을 즐길 수 있는 건전한 이성 친구가 있다면 금상첨화다. 또 젊은이들과의 만남도 놓치지 말자. 독일인들은 장수의 비결로 '젊은이와의 대화'를 꼽는다. 젊은이와의 대화는 삶에 생기를 불어 넣어준다.

젊은이들과 만날 기회가 없다면 손주들과의 대화는 어떨까? 아이들 사이에서 유행하는 말, 최근 인기 있는 아이돌 등을 화제 삼아 모르는 것은 묻고 대답하다 보면 재미도 있고 손주와 가까워지는 기회도 될 것이다.

나는 대학교수라는 직업을 가졌던 것에 늘 감사한다. 20대 젊은이들을 상대하다 보니 그들의 문화와 트렌드를 지속해서 흡수하게 되었다. 텔레비전 토론 프로그램이나 뉴스만 보아서는 이야기가 통하지 않는다. 그러다 보니 저절로 최신 유행 드라마, 예능 프로그램, 최신 인기가요 등에 관심을 갖게 된다.

가끔 신입생들이 사용하는 신조어를 들으면 반드시 묻곤 했다. 내가 그들이 사용하는 신조어나 속어를 사용할 필요까지는 없지만 '아, 요즘 젊은이들은 이런 말을 사용하는구나.' 하고 그 흐름을 알 수 있는 즐거움이 있었다.

나이가 들었다고 해서 생각까지 나이 들 필요는 없다. 사고의 유연성을 잃지 말고 젊은 세대와 끊임없이 호흡하려고 노력해야만 구세대 소리를 듣지 않는다.

다음은 문화와 예술과의 만남이다. 노후를 더욱 즐겁고, 지적으로 보내려면 문화와 예술을 즐기는 법을 배워야 한다. 돈이 없어도 문화와 예술을 즐길 수 있다. 인터넷을 검색하면 무료로 관람할 수 있는 문화행사도 많고, 미술관이나 박물관 입장료도 그리 비싼 편은 아니다. 술 한 번 마실 돈으로 문화와 예술을 즐기는 습관을 길러두면 노후를 훨씬 알차고 풍요롭게 보낼 수 있다.

그림과 음악을 모른다, 예술을 모른다고 낙담할 필요는 없다. 일단 많이 보고, 듣다보면 어느 순간에 느낌이 오고 깊은 안목을 갖게 된다. 전문가들은 말한다.

"예술이 뭐 별건가요? 많이 보고, 많이 듣고, 많이 느끼는 것이 최고입니다."

문화와 예술은 관용(tolerance)이라고 할 수 있다. 문화와 예술을 통해서 관용을 배우고, 관용 속에서 인간은 발전한다. 문화와 예술은 다른 이의 세계를 통해서 나의 한계를 벗어나게 한다. 하나의 대상에 대해서도 나와 다른 생각과 감정으로 표현하는 사람들이 있다는 것을 알아가는 매력이 있다.

문화와 예술은 또한 감성을 활성화한다. 이 감성은 끊임없이 연마하지 않으면 시들어버리기 쉽다. 특히 나이가 들면 뇌세포 감소 속도가 빨라진다. 그러니 머리를 쓰고 감성을 발달시켜서 뇌를 활성화해야 한다.

일본 오사카의 박물관에 갔을 때의 일이다. 진시황제의 병마용을 루페(Lupe, 확대경 돋보기)로 자세히 들여다보면서 열심히 노트에 메모하는 노인의 모습을 보고 놀란 적이 있다.

일본인 중에는 고대 유물이나 유적지가 발견되었다고 하면 고고학 투어를 즐기는 이들이 꽤 많다. 평일 오전의 유적지, 전시회, 박물관에 가면 진지한 얼굴로 관람하는 노인들의 모습을 쉽게 볼 수 있다.

요즘 들어 한국도 미술관, 박물관을 찾는 노년층이 상당히 많아진 것 같다. 한가한 평일 오전 예술의 전당 미술관. 어느 입체파 화가의 그림 앞에 서서 그것을 오래 들여다보던 노신사의 뒷모습이 아름다웠다. 그렇지 않아도 입체파 화가의 그림은 이해하기 어려운데 그날따라 화가에 대해 공부를 못하고 가서 아쉬운 마음에 작품을 설명해주는 도슨트 서비스 시간을 기다리던 중이었다.

  그때 노신사가 나를 돌아보더니 자신이 화가에 대해 공부해온 것들을 조곤조곤 들려주었다. 갑자기 그림이 달라 보였다. 새로운 세상을 만났다는 감사함에 노신사를 향해 진심으로 머리를 숙여 인사했다.

어디까지나 지향해야 할 것은 '그레이 신사'

변화 문맹자가 되지 말자

네덜란드의 스미스 교수 등이 암스테르담에 거주하는 55세부터 85세까지의 지역 주민 2,380명을 대상으로 '장수 비결이 무엇이며, 무엇이 사망률에 영향을 미치는가?'에 대한 조사를 시행했다. 조사 결과 '유동성 지능'과 '정보처리 속도'가 사망률에 많은 영향을 미친다는 것이 밝혀졌다.

먼저 유동성 지능이란 한쪽 부분이 부족한 도형을 보여주고 부족한 부분과 일치하는 도형을 맞추는 테스트다. 도형을 잘 맞춘 상위 1,161명의 4년 후의 사망률은 7%인데 비해 하위 1,219명의 사망률은 14.9%였다. 상위 절반에 드느냐 못 드느냐에 따라 4년 후의 사망률이 2배나 차이가 났다.

다음으로 정보처리 속도란 2개가 한 쌍으로 되어있는 알파벳을 보여주고 얼마나 빨리 대응하는가를 알아보는 테스트다. 속도가 빠른 상위 1,200명의 4년 후의 사망률은 5.8%인데 비해 하위 1,180명의 사망률은 16.4%였다. 정보처리 속도에서도 상위 절반에 드느냐 못 드느냐에 따라 4년 후의 사망률이 3배 정도 차이가 났다.

이 조사는 나이를 먹어도 높은 지능을 유지하는 사람이 장수를 기대할 수 있음을 시사한다. 지적활동을 하는 것이 장수의 비결이자 유용한 건강법이라는 것이다.

미국의 미래학자 앨빈 토플러는 과거의 틀에 얽매여 새롭게 배우지 못하는 사람을 '21세기 문맹자'라고 했다. 급변하는 사회현상에 대처하지 못하는 '변화 문맹자'가 되지 않도록 각별한 노력을 기울여야 한다. 이제 로봇, 자율주행 자동차, 의료진단 등 어디서든 인공지능(AI)과 만나게 되는 4차 산업혁명 시대가 우리 곁에 성큼 다가와 있다.

자, 잠시 당신이 변화하고 있는 세상에 얼마나 관심이 많은지 알아보자.

ICBM이 무엇일까? 대륙간탄도미사일(InterContinental Ballistic Missile)이라고 대답한다면 시사상식이 풍부한 사람이다. 만약 사물인터넷(IoT)과 클라우드(Cloud), 빅데이터(Big data), 모바일(Mobile)의

머리글자라고 말한다면, 디지털 시대를 살아갈 자격이 충분한 사람이다. 사물 인터넷 센서(I)가 수집한 정보를 클라우드(C)에 저장하고, 빅데이터 기술(B)로 분석해 모바일(M)로 서비스하는 것이 장차 유망한 신산업이기 때문이다.

AI도 마찬가지다. 이것은 조류 인플루엔자(AI, Avian Influenza)의 약자지만 인공지능(AI, Artificial Intelligence)을 가리키는 말이기도 하다.

미국 백악관의 발표에 의하면, 인공지능 AI로 인해 앞으로 미국인 10명 중 4명의 생계가 위험해질 것이며, 임금 수준과 교육 수준이 낮을수록 일자리를 잃을 확률이 더 높아질 것이라고 했다. AI로 인한 일자리 격감과 대량 실업자 양산이 걱정스럽다.

변화하는 세상 앞에 문맹자가 되지 않으려면 호기심을 갖고 세상을 바라보는 자세가 필요하다.

"내가 옛날에는 어떤 사람이었는데……."

이런 과거지향적인 삶을 살아선 안 된다. 나이가 들면 사고방식이 쉽게 바뀌지 않는다고 하지만 오직 자신의 경험과 지식만이 옳다고 고집하는 구세대가 되지 말자.

4차 산업혁명 시대가 오면 교육의 형태가 달라질 것이라고 한다. 새로운 직업들이 등장하고 대학에서 배운 지식을 퇴직 전까지 직장에서 써먹던 과거와 달리 평생 새로운 것을 배워야 하는 시대가 온다.

같은 대학에서 근무했던 역사학자 권중달 교수님의 이야기이다. 권 교수님은 1984년 거금을 들여 개인용 컴퓨터를 사신 일이 있는데 당시 학교에서 큰 화제가 되었다. 공과대학 교수도 관심이 없던 컴퓨터를 인문대학 교수가 먼저 샀기 때문이다. 얼마 전 만남에서 그 이유를 묻자 교수님은 대답하셨다.

"세상의 변화를 아는 것은 역사학의 기본입니다. 그때부터 저는 장차 원고지가 없어지고 모든 것이 컴퓨터로 대체될 것이라는 걸 알았어요. 주의를 기울여 관찰하면 세상의 변화를 감지할 수 있습니다. 시대의 흐름을 읽는 것, 요즘 같은 세상에 꼭 필요한 자세지요."

뛰어난 개인기 하나만으로는 살아남을 수 없는 세상이 왔다. 나이가 들어도 평생교육을 스스로 추구하고 끊임없이 스킬을 향상시키고, 세월의 흐름에 따라 변화하는 것들에 적응할 줄 알아야 한다.

독서 역시 빠트릴 수 없는 부분이라고 생각한다. 신문만 꼼꼼히 챙겨보아도 변화 문맹자에서 탈피할 수 있다. 내 경우 일본 NHK 뉴스와 심층취재 시사프로그램을 꼭 챙겨본다. 그리고 주식변동도 늘 주의 깊게 보고 있다.

또 모르는 것이 있으면 부끄러워하지 말고 묻도록 하자. 나도 구세대이다 보니 점점 모르는 것이 많아진다. 나는 그럴 때면 지체 없이 제자들이나 주변 사람들에게 도움을 청한다.

불확실성이란 자극을 주라

'차에 설치된 내비게이션처럼 누가 나아갈 방향을 알려준다면 얼마나 편하고 좋을까?'

가끔 이런 생각을 하게 된다. 하지만 우리의 뇌는 불확실성을 즐긴다고 한다.

이케가야 유지(池谷裕二)의 《착각하는 뇌(脳はなにかと言い訳する)》를 보면 다음과 같은 부분이 나온다.

> 뇌는 불확실성을 즐기도록 만들어졌다. 우리가 스포츠나 게임을 즐기는 이유도 승부를 알 수 없기 때문이다. 추리소설도 미리 결말을 알면 재미가 없다.

맞는 말이다. 그렇지 않고서야 월드컵 축구경기가 열릴 때 전 국민이 한마음으로 승리를 염원할 이유가 없고, 시간 가는 줄 모르고 책을 탐독할 이유도 없다.

1980년대 케임브리지대학 볼프람 슐츠 박사는 원숭이를 대상으로 뇌와 관련된 연구를 했다. 연구팀은 원숭이에게 주스를 주는 것으로 원숭이가 불확실성의 자극에 어떻게 반응하는지 관찰했다. 원숭이에게 주스를 확실하게 주었을 때 원숭이의 뇌에서는 쾌감 물질인 도파민이 방출되었다.

그런데 두 번에 한 번 정도 불확실하게 주스를 주었을 때도 도파민이 방출되는 것을 발견했다. 주스를 받게 될지 못 받을지 모르는 불확실한 상황에서 주스를 얻었을 때 스트레스가 아닌 기쁨을 느끼게 된 것이다.

나이가 들수록 불확실성의 자극이 필요하다. 현대 의학에서 여전히 미지의 영역으로 남아 있는 전두엽은 사고력은 물론 감정, 의욕, 창조성을 담당하는 부분으로 알려져 있다. 전두엽은 뇌의 다른 부분들보다 빠르게 위축되는데, 이것에 강한 자극을 주려면 복잡하고 앞을 예측할 수 없는 행위를 해야 한다.

전두엽이 위축되면 뇌의 노화가 가속화된다. 그러면 혼자 힘으로 어떤 생각을 하거나 의욕적인 사고활동을 하는 것이 싫어진다. 이것은 다시 마음이 메마르고 감정을 잘 못 느끼는 상태로 이어진다.

그렇다면 전두엽을 어떻게 단련시킬 수 있을까? 바로 불확실성의 자극을 주는 것이다. 약간의 주식투자, 도박이 아닌 재미로 하는 고스톱, 낯선 이성과의 만남 등 우리 뇌가 쉽게 결과를 예측하지 못하는 의외의 일들을 해보는 것이다.

주식투자나 고스톱을 할 때 우리는 손해를 보지 않기 위해 노력한다. 이성과의 만남도 그렇다. 어떻게 하면 상대방에게 멋진 사람으로 보일까 고민한다. 상상력을 동원해서 상대방을 기쁘게 해주는 상상을 하기도 한다.

이처럼 예측할 수 없는 일을 할 때 전두엽은 활발하게 움직인다. 이것이 우리 뇌를 활성화하고 노화를 방지(anti-aging)하는 중요한 역할을 한다. 또 삶에 활력과 긍정적인 에너지를 가져다주고 사고를 유연하게 만들어 준다.

찾아보면 일상생활에서도 뇌를 자극할 수 있는 요소들이 많다. 먼저 내가 사용하는 휴대폰 요금제를 알아보고 사용패턴에 가장 적합한 다른 요금제를 찾아보자. 보험계약 사항을 다시 점검해보는 것도 좋다. 별것 아닌 것처럼 보이는 일이지만 막상 시작하면 고도의 집중력과 사고력이 필요하다는 것을 알게 될 것이다.

우리 뇌가 불확실성의 자극을 좋아하는 것은 예상치 못한 새로운 가능성을 발견할 수 있기 때문이다. 그 가능성이란 거창한 것이 아니다. 내 휴대폰 요금제를 검토해 보고 다른 요금제와 비교 분석하다가 마침 나에게 딱 맞는 요금제를 발견하게 되는 것처럼 일상적이고 평범한 일에도 해당한다.

원숭이와 비교해서 미안하지만 볼프람 슐츠의 원숭이처럼 사람도 불확실한 상황에 도전해서 보상을 받는 경험을 했을 때 다른 일도 쉽게 포기하지 않고 도전해보려는 의욕을 갖게 된다. 가능성을 믿는 일, 삶에 대한 흥미와 의욕을 가지는 일은 노후의 삶을 살아가는 데 있어서 꼭 필요한 자세다.

'창피 당하고 싶지 않다'는 창피한 생각

현대사회는 갈수록 불확실성의 위협에 놓여 있다. 이 불확실성의 시대에서 살아남으려면 우리는 실패를 받아들일 줄 알아야 한다. 시행착오 없이는 그 어떤 발전도 없다.

일본의 자동차 기업 혼다는 실패를 권장하는 것으로 유명하다. 혼다는 실패를 단순한 실패로 보지 않고 미래를 향해 나아가는 창조의 씨앗으로 여긴다. 효율성만 따져 안전하게 산다면 실패할 염려는 없다. 하지만 그 실패와 시행착오를 통해 진화할 가능성도 사라진다.

이 시대에 변하지 않는 것이 있는가? '10년이면 강산도 변한다.'라는 말은 이제 옛말이다. 하루가 다르게 세상이 바뀌고 있으니 변화를 뒤따라가지 못하는 이들은 막막함을 느낄 것이다.

변화의 물결은 생각보다 삶 깊숙한 곳에 파고들어 있다. 극장에서 영화표 한 장을 사려고 해도 포인트 카드다, 예약번호다, 무인발권 시스템이다, 낯선 것들이 많다. 세상이 편리해졌지만 구세대는 종종 이 변화 앞에서 당황한다.

쇼핑할 때도 그렇다. 예전에는 지갑에서 돈만 꺼내면 됐는데 요즘은 종업원이 친절한 얼굴로 묻는다.

"적립이나 할인 카드 있으신가요? 앱 다운받아 주시면 신규가입 기념으로 15% 할인 쿠폰도 드립니다."

이 상황에 즉시 대응하지 못하고 멈칫하면 종업원은 눈치 빠르게 내 옆을 바라본다. 그리고 내 아들이나 딸에게 다시 설명한다. 할인을 받으면 기분이 좋아야 하는데 뒷맛이 씁쓸하고 묘해진다.

이런 경우도 있었다. 마트에서 계산원에게 변경된 멤버십 할인 규정에 관해 묻는 동안 줄이 길어졌다. 몇 분 대화를 나눴을 뿐인데 뒤에서 짜증 섞인 한숨이 들려왔다. 미안한 마음에 얼굴이 붉어졌다.

하지만 역설적이게도 그런 창피한 경험은 언제나 내적 자극이 된다. 다시 다른 사람에게 폐를 끼치지 않겠다는 생각으로 다음에 또 같은 것을 묻지 않도록 메모를 하며 기억해 둔다.

오사카, 교토 등 간사이 지역 사람들은 일본 전국 어디를 가든 거의 자기 지역 방언을 스스럼없이 사용한다. 그래서 간사이 지역 출신 예능인들이 도쿄의 텔레비전 프로그램에 출연해서도 당당하게 자기 지역 방언으로 방송을 한다.

반면 아오모리현, 이와테현, 아키타현 등 혼슈 북단의 도호쿠 지역 사람들은 도쿄에 오면 길을 잘 묻지 않는다. 방언을 사용하면 도호쿠 지역에서 온 시골 사람이라는 것을 상대방에게 알려주는 꼴이 되기 때문이다.

그래서 도호쿠 지역 사람들은 과묵하다고 알려져 있다. 그들은 자신의 방언 콤플렉스 때문에 길을 잘못 들어도 묻지 못하고 한참을 돌아간다.

묻는 것을 창피해 한다면 도호쿠 지역 사람들처럼 돌아가는 것을 감수해야 한다. 또 마트 계산대 앞에서 묻는 것을 창피해 한다면 할인을 제대로 받지 못하고 손해를 보게 될 것이다.

모르는 것을 묻는 일. 이것은 변화하는 세상을 보다 용기 있게 살아가는 하나의 삶의 양식이라 할 수 있다. 변화 앞에 도태되지 않으려면 모르는 것을 창피하게 여기지 말고 묻고 발전하는 기회로 삼자. 어차피 삶은 배움의 연속이다.

일본 속담에 "모르는 것을 묻는 것은 한 때의 부끄러움이지만, 묻지 않는 것은 일생의 부끄러움이다."라는 말이 있는데 정말 딱 맞는 말인 것 같다.

친구가 늘면 고독과 우울감이 줄어든다

빈곤한 인간관계와 고독사의 관계

50대 중반인 B씨는 중견업체 CEO다. 친구들은 모두 B씨를 성공한 인생이라며 부러워했지만 정작 B씨는 심한 우울증에 시달렸다. 그는 늘 고독하다는 생각에 사로잡혀 있었다. 속 시원히 자신의 속마음을 털어놓고 싶지만 그럴 사람이 없었다.

끙끙 앓던 그는 심리상담소 문을 두드렸고, 정신과 전문의에게 난생처음 자신의 마음을 털어놓았다.

> 내 마음에는 '행복'이라는 단어가 없습니다. 이제는 좀 편하게 살고 싶은데 그럴 수 없어요. 내가 이 정도로 성공을 이루었으니 그나마 사람들이 만나주는 것이지 이 자리를 떠나면 모두 날 외면할 것이 뻔

합니다. 아내도 나를 귀찮아하고 부담스러워할 겁니다.

믿을 만한 친구도 없습니다. 다 일 때문에 만나죠. 겉으로는 웃으며 부어라 마셔라 즐겁지만 속으로는 '이놈들도 나를 이용해 먹을 만하니까 만나주는 거겠지!' 하는 생각을 지울 수 없습니다.

그런 생각이 들수록 더 일에 매달립니다. 가족들과 여행을 떠나도 즐기질 못해요. 머릿속에 온통 일 생각이 가득 차 있죠. 아이들은 "우리 아빠는 돈밖에 모르는 사람"이라고 하더군요.

내가 돈 버는 기계가 된 것 같습니다. 왜 사는지 모르겠어요. 일을 그만둘 수도 없고 그렇다고 지금처럼 살 수도 없습니다. 차라리 죽어버리면 편할 것 같아요.

50대 중년 남성의 인간관계 빈곤 문제는 수치로도 증명된다. 서울시 복지재단의 통계에 따르면 2013년 한 해 동안 고독사한 사람은 서울에서만 2,343명으로, 하루에 6명꼴로 외로운 죽음을 맞이했다. 그중 50대의 고독사 비율이 35.8%로 압도적으로 높다. 40대(20.99%), 60대(19.76%), 30대(9.88%), 70대(7.41%)가 그 뒤를 이었다.

더욱 충격적인 사실은 남성의 고독사 비율이 여성보다 무려 8.4배나 높다는 점이다. 통계를 종합해 보면 40대 후반부터 60대 초반의 남성이 전체 고독사 비율의 61%를 차지했다. 전국 통계도 비슷하다. 50대의 고독사가 29.0%로 1위이고, 남성이 86.8%로 여성(13.2%)

보다 7배 이상 높았다.

보통 고독사 하면 독거노인을 떠올린다. 하지만 최근 50대가 고독사의 위험군으로 떠오르고 있다. 50대는 치열하게 살아오다 막 은퇴기에 접어들어 한숨을 돌리려는 나이다. 그들은 어떤 이유로 홀로 쓸쓸히 죽어가는 것일까?

그들은 가족들에게서 소외되었을 가능성이 크다. 평생 돈을 버느라 가정에 충실하지 못했고, 제대로 소통도 하지 못해 가족으로부터 소외된 것이다. 또 남성들의 인간관계는 거의 직장에서 맺어진 것이 전부다. 그러다 보니 은퇴 이후에는 인간관계가 단절된다. 여성들이 비교적 풍부한 인간관계를 맺는 것과는 대조적이다.

남성들은 극심한 외로움에 시달리면서도 속내를 터놓기 어려워한다. 경제적으로 어려움을 겪어도 도와달라고 말하지 못한다. 실제로 빈곤에 시달리는 어느 50대 독거 남성은 굶어 죽으면 죽었지 도와달란 말이 입 밖으로 나오지 않는다고 고백했다.

노인보다 상대적으로 관심과 보호의 손길이 부족한 50대 남성이 복지의 사각지대에 놓여 있다.

"힘들다, 외롭다, 도움이 필요하다."

이렇게 말할 수 있는 상대가 단 한 명이라도 있었다면 상황이 달라졌을 것이다.

고독사도 문제이지만 더 충격적인 것은 한국이 '자살공화국'이라

불릴 만큼 자살률이 높다는 것이다. 2012~2015년 한국의 자살률은 인구 10만 명당 31.2명으로 OECD 34개 국가 중에서 11년째 1위를 기록했다. 최근에는 우울증으로 인한 자살률이 높다. 우울증의 원인을 규명하기는 쉽지 않지만 고독이 하나의 요인으로 꼽히고 있다.

'혹시 지금 고독한가?'
'마음을 터놓고 이야기할 친구가 없는가?'
그렇다면 적극적으로 친구를 찾아 나서야 한다. 당신을 고독으로부터 구해주는 것은 친구다. 배우자, 자식, 손주들이 있어도 가족에게는 털어놓을 수 없는 이야기가 있다. 이직, 은퇴, 이혼 등 인생의 고비마다 마음을 터놓고 조언을 구할 친구가 꼭 필요하다.

독일의 시인 프리드리히 쉴러는 말했다.
"우정은 즐거움은 두 배로 늘리고, 슬픔은 반으로 줄여준다."
친구와 고민을 공유하며 '나만 그런 것은 아니구나.' 하는 안도감을 느끼고, 정서적, 심리적인 지지를 얻을 수 있다. 사람은 누구나 사회적인 교류가 필요하다. 친구와 소소한 일상을 공유하며 보내는 시간은 사람을 고립상태에서 벗어나게 하고 행복감을 느끼게 한다.

가족과의 관계든 친구와의 관계든 인간관계는 우리에게 기쁨과 함께 고민거리를 던져준다. 좋은 관계를 유지하는 일에는 지혜로움과 노력이 필요하다. 가장 중요한 것은 상대를 배려하고 존중하는 마음, 먼저 다가가는 노력이라고 생각한다.

  삶에 파묻혀 잊고 지내던 이들의 이름을 떠올려 보자. 생각난 김에 전화 한 통, 문자 한 통 넣어보는 것이 좋겠다. 세상에 거저 주어지는 것은 없다. 오늘 내가 건넨 작은 마음이 언젠가 힘들 때 기댈 수 있는 든든한 지팡이(supporter)가 되어줄 것이다.

여러 장르의 친구를 사귀라

  며칠 전 작은아들이 다니는 괜찮은 회사를 그만두고 전직하고 싶다는 속내를 털어놓았다. 어련히 알아서 잘 할 거라 믿지만 한편 걱정이 되었다. 그래서 회사를 경영하고 있는 친구에게 흉금을 털어놓고 내가 어떤 조언을 해주면 좋겠냐고 물었다. 친구의 적절한 충고를 들으며 혼자 판단하지 않고 묻길 잘 했다고 생각했다.

  예로부터 노방출주(老蚌出珠)라 했다. '늙은 조개가 진주를 낳는다.'라는 뜻이다. 나이든 친구에게는 경륜, 관록에서 우러나오는 지혜라고 할까? 젊은 벗이 지니지 못한 완숙함이 있다. 그리고 나에게는 그런 친구가 몇 명 있다. 어려운 일이 생기면 가장 먼저 이 친구들을 떠올린다. 그들 덕에 삶의 어려운 일들을 지혜롭게 극복했다.

  물론 우리가 늘 진지하기만 한 것은 아니다. 저녁에 만나 소주잔을 기울이며 시끌시끌 웃고 떠들기도 하고, 다른 사람을 화제에 올려 안줏거리 삼기도 한다. 자주 말로 표현하지는 못하지만 나이가 들수록 친구의 존재가 감사할 뿐이다.

오랜 친구들과 우정을 다지는 것도 중요하지만 다양한 장르의 친구들을 사귀는 것도 풍요로운 노후의 삶에 도움이 된다.

'로터리 클럽'은 20세기 미국의 시카고에서 발족한 실업가들을 위한 국제적인 사교 클럽으로, 사회에 많은 봉사와 공헌을 하고 있다.

이곳에는 기본적으로 같은 직종의 사람은 한 명으로 규제하는 회원 규칙이 있다. 서로 다른 분야에 몸담은 사람들의 모임이라는 것이 이 클럽의 최대 장점이다. 다른 직종 사람들과 교류하면 새로운 지식과 정보를 얻을 수 있기 때문이다.

나는 모임에 나가도 나와 다른 분야에서 일해온 사람, 성향이 완전히 달라 보이는 사람들에게 먼저 흥미가 간다. 그들과 대화를 나누다 보면 내가 전혀 몰랐던 주제에 대해 알게 된다. 새로운 금융상품, 경제의 흐름, 문화와 예술에 대한 이야기 등등. 스스럼없는 동창회나 친구들과의 만남도 좋지만 약간의 긴장감을 동반하는 새로운 모임에 적극적으로 참여해 보는 것도 좋은 자극이 될 것이다.

동창회 모임에 가보면 비슷비슷한 자랑이 펼쳐질 때가 많지 않은가. 누가 입신출세를 했다는 명예 자랑, 돈을 많이 벌었다는 돈 자랑, 자식이 잘 됐다는 자식 자랑 등이 화제에 오르는 경우가 많다.

그리고 이런 자랑 퍼레이드가 경쟁의 씨앗이 되어 너도나도 자랑에 여념이 없어지기도 한다. 그래서 동창회에서 질투심과 열등감만 느끼고 돌아오게 되는 경우가 있고, 아예 나가지 않겠다고 결심하는 사람도 있다.

중국에는 '친구가 한 명 더 생기면 새로운 길이 하나 더 생긴다(多一個朋友 多一條路)'라는 말이 있다. 동창회에 싫증이 났다면 다른 모임에 참여해 친구의 외연과 화제를 넓혀가는 것은 어떨까? 새로운 사람들을 만나면 평소에는 느껴보지 못한 신선한 자극을 받을 수 있다. 이런 만남이 새로운 길을 만들고 인생 후반부를 즐겁게 해준다.

나는 모임을 여럿 갖는 편이다. 특히 바둑 모임에는 정기적으로 참석하고 있다. 한때 '일본 연극을 보는 모임'에 참여한 적도 있다.

또 일 년에 한 번 일본에서 나를 지도해주신 교수님을 중심으로 하는 모임은 지금도 열심히 참석한다. 대략 15명 전후의 대학교수들이 그 해 간사로 선출된 사람이 선정한 지역에서 연말에 모임을 갖는다. 그곳에서 1년 동안의 연구 성과와 내년의 계획을 발표한다. 유익한 정보를 교환할 수 있는 모임이라 매년 연말이 기다려진다.

내가 간사였을 때는 제주에서 모임이 열렸고, 모든 일정을 끝낸 뒤 나는 회원들을 제주의 역사적인 유적지로 안내했다. 내가 환갑을 맞이했을 때는 회원들이 모두 서울로 와주었다. 덕분에 서울에서 국제학술대회를 개최할 수 있었다.

여러 모임 중에서도 가장 애착을 갖고 있는 것은 정년퇴임 교수들의 모임이다. 이 모임은 철학, 역사, 어학, 문학, 문화, 연극, 법학, 심리학 등 각 분야의 교수들로 구성되어 있고, 한 달에 한 번 정기적으로 만나 가볍게 스터디를 하고 식사를 한다.

그리고 채팅방을 통해 일본어로 하이쿠(俳句)를 짓기도 하고, 최신 정보를 공유하거나 화젯거리가 생기면 토론의 장을 여는 등 활발하게 소통하고 있다. 주변 사람들에게 이런 이야기를 하면 나이 지긋하신 분들이 어떻게 IT 문화에 그리도 친숙하냐며 놀라기도 한다.

그 모임에서 가장 나이가 많은 교수님이 90세이시다. 그리고 놀랍게도 내가 막내다. 늘 원로 취급받던 사람이 막내가 되는 유일한 시간이다. 노후에도 여전히 왕성하게 활동하는 선배 교수님들의 모습은 나에게 큰 귀감이 된다.

행복한 노후를 보내기 위해서는 안정적인 소득, 건강이 뒷받침되어야 하겠으나 시간 활용을 잘하는 것도 중요하다. 우리가 일상에서 느끼는 행복감은 어떤 활동을 하며 어떻게 시간을 보내느냐에 달린 경우가 많다.

행복과 보람을 느낄 수 있도록 다양한 모임 활동에 참여해 보자. 없다면 내가 나서서 만들어보는 것도 멋진 일일 것이다.

나이 들어 친구를 사귈 때 지켜야 할 룰

돌아보면 우리는 모두 친구에게 푹 빠져 지냈다. 학교에서 사회적인 관계를 시작하면서부터 또래끼리 몰려다니기 바빴다. 친구와 함께 하는 날은 한없이 즐겁지만, 혼자 놀아야 하는 날에는 외롭고 심심했던 기억이 난다.

함께 많은 시간을 보내며 서로의 생각과 감정을 공유하던 친구 관계는 학교를 졸업하고 성인이 될수록 가볍고 계산적으로 변한다. 그래서일까? 나이 들어 좋은 친구를 사귀는 것은 무리라고 아예 포기해 버리는 사람들도 있다.

하지만 인생의 모든 시기가 그렇듯 노년기에도 친구의 존재는 중요하다. 호모 헌드레드 시대에 접어든 우리 세대에게는 더더욱 그렇다. 친구와의 만남이라는 즐거움 없이 긴 시간을 살아간다는 것은 매우 힘든 일일지도 모른다.

친구 사귀기는 마음먹기에 달려 있다. 다만 분명히 해둘 것이 있다. 나이 들어 사귀는 친구는 학창시절의 친구와는 개념이 완전히 다르다는 점이다. 다음의 사항들만이라도 미리 알아둔다면 새 친구를 만날 마음의 준비를 끝낸 셈이 된다.

첫째, 서로 살아온 역사가 다른 만큼 가치관이 다르다는 것을 인식하자. 가치관의 차이를 인정하는 것이 곧 상대를 존중하고 배려하는 것이다.

둘째, 심각한 고민을 상담할 정도까지의 깊은 관계를 바라지 말자. 가벼운 이야기를 편하게 주고받을 수 있다면 그걸로 족하다.

셋째, 종교나 정치는 어느 정도 분별심을 갖고 너무 깊이 파고 들어가지 말자. 서로 민감해질 수 있기 때문이다.

넷째, 적당한 거리를 두고 교제하자. 서로의 집을 왔다 갔다 할 정도로 가까워지길 바라지 말자.

다섯째, 상대방의 프라이버시를 침해하지 말자. 가정사나 개인적인 일들은 함부로 궁금해하거나 묻는 것이 아니다.

여섯째, 금전적인 거래를 하지 말자. 새로 사귄 친구와 거래를 하거나, 이익을 얻으려고 한다면 그 교제는 오래가지 못한다. 두 사람 사이에서 돈 이야기는 아예 빼는 것이 좋다.

일곱째, 서열이나 우열을 만들지 말자. 모임을 할 때 상석이나 말석을 의식하지 않고 편안하게 앉을 수 있어야 한다. 의외로 이런 일들 때문에 관계에 금이 가는 경우가 많다.

여덟째, 상대가 좋아하는 것에 관심을 두자. 좋아하는 음식, 장소 등 상대의 취향이 무엇인지 미리 묻고 배려하면 이를 계기로 친해질 수도 있다.

아홉째, 상대의 특별한 점을 기억하자. 인간관계를 잘 맺는 비결은 사람의 단점보다는 장점에 주목하려는 노력이다.

열째, 한 번 사귄 사람과의 관계를 절대로 먼저 상하게 하지 말자. 나와 닿은 모든 인연을 소중히 여기고 가꾸는 자세가 필요하다.

이런 마음가짐으로 '오는 친구 막지 말고, 가는 친구 잡지 말자.'라는 자세가 가장 이상적이다. 그리고 일단 친구를 사귀었으면 그를 존중하고 배려하자. 기죽을 것도 없고, 거드름을 피우지도 말아야 한다.

끝으로 한 가지 더, 배우자를 소중히 대하자. '아내란 청년에겐 연인이요, 중년에겐 친구이며, 노년에겐 간호사다.'라는 말이 있다. 아내에게 있어 남편도 같은 존재가 된다.

부부는 무촌이라 했다. 배우자와 잘 지낸다면 노년의 외로움을 덜어줄 친구이자 든든한 보호자를 곁에 둔 것이다. 누구보다 가깝게 평생을 함께할 수 있는 친구를 무심함으로 잃는다면 그것보다 외롭고 쓸쓸한 노후는 없을 것이다.

· 4장 ·

100세까지 느긋하게 탐험하려면

#정년퇴직 #하류노인 #장수리스크 #다운사이징
#35만시간 #슬로리딩 #안티에이징

100세까지 산다고 가정했을 때 은퇴 후 약 40년, 35만 시간이 남아 있다. 이 시간을 어떻게 보낼 것인가는 전적으로 개인이 선택할 문제다.

은퇴 이후에는 삶의 전반적인 면에서 다운사이징이 필요하다. 일단 소비 규모를 다운사이징 해야 한다. 소득은 줄거나 없는데 은퇴 이전의 규모를 유지하는 것은 현명하지 못하다. 한 푼이라도 줄여서 노후에 보탬이 되는 편이 낫다.

장수사회, '하류노인'만은 피하자

장수 리스크를 줄이려면

'하류노인'은 일본의 노인 문제를 다룬 후지타 다카노리(藤田孝典)가 그의 저서 《하류노인(下流老人)》에서 처음 언급한 말이다. 하류노인은 생활보호 대상자 수준의 소득으로 생활하는 고령자, 또는 그럴 우려가 있는 고령자를 지칭한다.

하류노인에게는 3가지가 없다. 일정한 수입, 충분한 저축, 의지할 사람이다. 하류노인은 장수국가 일본의 노인 문제를 함축적으로 보여주는 신조어라고 할 수 있다.

일본의 하류노인은 2015년 현재 600만 명 이상으로 추정되지만 일본 노인들은 전체 사회로 볼 때 부자 그룹에 속한다. 일본 전체 가계 자산의 60%를 노인들이 보유하고 있다. 또한 국가에서 연금도 안정적으로 지급한다. 그러한 일본 노인들의 90%가 가까운 미래에 하류노인으로 추락할지도 모른다는 전망이 나왔고, 이것이 일본사회를 공포에 떨게 했다.

이 현실을 지켜보는 마음은 몹시 불편하다. 일본과 비교해 한국의 노인은 너무 무방비 상태이기 때문이다. 일본 노인들은 각종 연금에 노후를 의존하지만, 한국 노인들이 믿을 것이라곤 국민연금뿐인 경우가 많다. 그마저도 생활하기에 충분치 않은 돈이다. 연금도 없는 경우 의지처는 자식뿐이다.

얼마 전 교회나 성당에서 나눠 주는 500원짜리 동전을 받기 위해 일명 '짤짤이 순례'를 하는 노인들의 모습을 텔레비전에서 보았다. 한국의 노인복지 지표는 일본보다 모든 면에서 열악한 수준이다. 전문가들은 한국 사회가 일본의 저성장·고령화를 그대로 뒤따르고 있다고 지적한다.

실제로 노후를 풍요롭게 보내려면 꽤 많은 돈이 필요하다. 건강을 유지하기 위해 운동을 하거나 병원에 가고, 가끔 손주들 용돈도 주고, 친구들과 교제도 해야 한다. 또 기분전환 겸 배우자와 외식이나 문화생활을 하고 싶을지도 모른다. 하지만 현 복지 지표를 보면 평범해 보이는 이런 삶도 절대 쉽지 않을 듯하다.

안정적인 노후를 위해서는 정부 차원의 지원이 절실한 상황이다. 하지만 개인도 할 수 있는 노력을 다해야 할 것이다.

그렇다면 안정적인 노후자금 마련을 위해 무엇을 어떻게 준비해야 할까?

첫째, 가능한 한 빨리 연금에 가입하라.
젊은 세대들은 노후가 오지 않을 것처럼 여긴다. '그때 가면 어떻게든 되겠지.'라고 막연하게 생각하는 경우가 많다. 그래서 연금에 가입하길 꺼린다.
하지만 연금은 소득이 발생하는 시점부터 가입해서 미리미리 노후를 준비하는 것이 좋다. 한창 자녀들의 양육비와 교육비 지출이 심한 시점에서는 연금을 붓는 것이 어렵기 때문이다. 개인연금 가입이 어렵다면 국민연금이라도 꾸준히 붓길 바란다. 풍족하지는 않겠지만 노후의 든든한 언덕이 되어줄 것이다.

둘째, 분산투자를 하되 전문가의 도움을 받아라.
미국의 투자자 워런 버핏은 "어떻게 부자가 됐느냐?"라는 질문에 이렇게 대답했다.
"저축하고 투자하라. 또 저축하고 투자하라."
그는 이것이 자금 마련의 첫번째 원칙임을 강조한다. 종잣돈이 있어야 그것을 굴릴 수 있다. 쓰고 남은 돈으로 저축할 생각 말고 먼저 저축을 한 뒤 남은 돈을 사용하라.

일단 종잣돈을 마련했다면 전문가의 조언을 받아 분산투자를 하자. 영국의 경제학자 존 메이너드 케인스는 재산을 부동산, 예금, 주식으로 3등분 해서 투자하는 것이 좋다고 말했다. 저성장, 저금리가 장기화되면서 자산 운용이 어려워진 것이 현실이다. 자산 운용 과정에서 부딪힐 수 있는 다양한 리스크에 대응하려면 분산투자하는 것이 효율적이다.

셋째, 자식에게 들어가는 비용을 과감히 줄여라.
삼성경제연구소에 따르면 아이 한 명을 유치원에서 대학까지 교육하는데 들어가는 비용이 약 1억3,000만 원이라고 한다. 한국의 부모들처럼 자식 교육에 열성적인 이들도 없다. 교육비에 많은 돈이 들어가다 보니 노후자금을 준비할 여력이 없다.
특히 은퇴를 코앞에 둔 시기일수록 자식의 학비나 결혼자금 등 큰돈이 들어간다. 부모들의 경제 원조는 자식들의 출가 이후에도 계속되는 경우가 허다하다.
내가 아는 교수님의 아들이 사업을 했다. 그런데 일이 잘 풀리지 않자 교수님은 살던 집을 담보로 돈을 빌렸고, 연금도 일시금으로 받아서 아들에게 건네 주었다. 하지만 아들의 사업은 뜻대로 되지 않아 실패를 거듭했고, 그분은 결국 노후를 매우 힘들게 보내게 되었다.

나는 그 교수님을 보며 자식을 돕더라도 최소한 자기 노후에 대한 보장은 해두어야겠다는 생각을 했다. 자식들에게 모든 것을 다 내주고도 나중에 좋은 소리 듣지 못할 수 있다. 부모가 파산에 내몰리면 그 부담이 고스란히 자식들에게 돌아가기 때문이다.

부모의 불행한 노후처럼 자식들을 부담스럽게 하는 것도 없다. 자식들에게 들어가는 비용을 나의 경제 수준에 맞도록 과감히 줄이자. 그리고 그 돈으로 나의 노후를 준비하는 것이 훨씬 현명하고 지혜로운 일이다.

삶을 다운사이징 하라

장석주 시인의 《마흔의 서재》를 보면 독일의 철학자 헤르베르트 마르쿠제의 '불행의 도취'와 관련된 구절이 있다.

> 더 많이 일하고, 수고와 피로를 잊기 위해 더 많이 소비하고, 더 많이 소비하기 위해 또다시 더 많이 일해야 하는 이런 악순환의 조건을 마르쿠제는 '불행의 도취'라고 부른다. 이런 상황에서 벗어나려면 결단을 내려야 한다.

무조건 큰 집에 살며 더 많은 것을 소비하는 것이 미덕으로 여겨지던 시절이 있었다. 그러나 나이가 들수록 삶의 다운사이징에 대해 생각하게 된다. 다운사이징은 일반적으로 소형화, 규모 축소를 의미하며, 기업의 감량경영을 비롯해 주택, 자동차, 소비 규모 등 삶의 모든 부분에서 널리 사용된다.

예외도 있겠지만 은퇴 후 대부분은 소득이 줄어든다. 줄어드는 것은 소득뿐만이 아니다. 외부 활동도 줄어들고, 만나는 사람도 줄어든다. 부모님이 돌아가시거나 자녀가 독립하면서 가족 구성원도 줄어든다. 그러다 보니 '은퇴하면 시골에 작은 집을 짓고 살고 싶다.', '자식들이 독립하면 소형 아파트로 이사하고 싶다.'라고 말하는 이들이 많다.

은퇴 이후에는 삶의 전반적인 면에서 다운사이징이 필요하다. 일단 소비 규모를 다운사이징 해야 한다. 소득은 줄거나 없는데 은퇴 이전의 규모를 유지하는 것은 현명하지 못하다. 한 푼이라도 줄여서 노후에 보탬이 되는 편이 낫다.

소비의 규모를 줄이는 첫걸음은 집을 다운사이징 하는 것이다. 남의 시선을 신경 쓰고 체면 때문에 큰 집에서 살 필요는 없다. 집을 줄여 가면 가전제품의 규모도 줄어들 것이다. 당연히 전기요금, 수도요금 등의 주택관리비는 물론 재산세와 주택 관련 부채도 줄일 수 있다.

친구 중에 은퇴 후 자녀들을 모두 출가시키고 소형 아파트로 이사를 한 이가 있다. 이사 가기 전 그는 꽤 큰 평수의 아파트에서 살았고, 중형 세단을 타고 다녔다.

친구는 규모를 줄여가기를 잘했다고 말했다.

"처음에는 집이 작아 답답했는데 이젠 모든 게 좋아. 일단 생활비가 크게 줄었어. 그리고 재미있는 건 이런 내가 좀 안 되어 보였나? 아무도 술 사라는 말을 안 해."

나도 그가 작은 집으로 이사 간 뒤에는 밥을 얻어먹기가 영 미안했다. 처음에는 무슨 사정이 있나 걱정이 되었는데 그저 삶의 규모를 줄이는 선택을 했다니 다행이란 생각을 했다. 그는 여윳돈으로 아내와 해외여행도 다니고, 시골에 땅을 사서 작은 규모로 농사를 지어 자급자족하는 삶을 살아보고 싶다고 말했다.

많은 사람들이 은퇴 이후의 삶을 걱정한다. 그러면서도 그것이 코앞에 다가오기 전에는 은퇴 이후의 내 삶에 돈이 얼마나 필요할 것인지 쉽게 체감하지 못한다.

두려움이 현실이 되는 불행을 맞지 않으려면 앞서 내다보고 준비하는 지혜가 필요하다. 다른 사람의 눈치를 볼 필요가 무엇인가. 품위 유지도 적당한 것이 좋다. 오늘 당장 내 삶의 어느 부분을 다운사이징 해야 노후가 여유로울 수 있을지에 대해 깊이 생각해 보자.

70대 인턴, 인생 이모작을 꿈꾸다

한국 사회의 청년실업률은 꾸준히 증가하여 2016년에는 10%에 이르렀다. 반면 65세 이상 노인 취업률은 약 29% 수준에 이른다. 경기 침체와 신규 일자리 감소, 급속한 고령화에 따라 노년층이 적극적으로 취업 현장에 뛰어든 탓이다. 노인들은 단순노동에 종사하는 경우가 많지만, 취업을 두고 세대 간의 갈등이 빚어질 것을 우려하는 목소리도 점점 커지고 있다.

2015년 개봉한 영화 《인턴》은 성공신화를 이룬 30대 여성 CEO의 회사에 70세 노인이 인턴으로 입사하게 되면서 벌어지는 일을 다룬다.

나에게는 이 영화가 무척 신선하게 다가왔다. 회사 부사장까지 역임하고 은퇴 후 쓸쓸하고 무미건조한 삶을 살던 70대 벤(로버트 드니로 분)은 누구보다 열정적으로 일하고 싶어 한다. 그래서 자신보다 한참 어린 30대 여성 CEO 줄스(앤 해서웨이 분) 밑에서 인턴 생활을 시작한다. 벤은 누구보다 일찍 출근하고 젊은 직원들이 모두 하기 싫어하는 일을 솔선수범해서 처리한다.

줄스와 직원들은 인생경험과 실무경험이 풍부한 벤에게 의지하고 도움을 받는다. 영화처럼 젊은 세대의 열정과 창의력, 은퇴자의 지혜와 경험이 합쳐져 시너지 효과를 발휘할 기회가 있다면 얼마나 좋을까?

평균수명의 증가는 인류에게 제2의 인생을 살 수 있는 시간적 여유를 가져다주었다. 부지런한 농부가 1년에 곡식을 두 번 경작하듯 열심히 노력하면 새로운 삶을 일굴 수도 있다는 뜻이다.

이미 선진사회에서는 오래전부터 '제2의 인생(Second Life)', '제2의 경력(Second Career)'이라는 말이 유행하고 있다. 이는 지식사회의 도래를 예언했던 경제학자 피터 드러커가 사용해서 유명해진 말이다. 한국에서는 이 말을 '이모작 인생'이라 표현하고 있다.

물론 이모작 인생이 의욕만 가지고 누릴 수 있는 것은 아니다. 그러나 호모 헌드레드에게 이모작 인생은 필연적인 선택일지도 모른다.

자식들 키우고 가르치느라 모아놓은 돈은 없고, 100세 시대를 앞둔 만큼 놀고먹을 수는 없으니 스스로 길을 개척해 나가야 하는 경우가 많다. 은퇴 이후에도 일할 수 있도록 경제수명을 늘리는 것도 한 가지 방법이 될 것이다.

한국 노동자들의 실질 은퇴 연령은 남성 72.9세, 여성 70.6세로 OECD 회원국 중 가장 높다. 그리고 실질 은퇴 연령과 공식 은퇴 연령의 격차 역시 남성이 11.9세, 여성은 9.6세로 OECD 회원국 중 가장 큰 차이를 보였다.

명예퇴직, 구조조정 등으로 갈수록 은퇴 시기는 빨라지고 있지만 노후 준비가 미흡한 탓에 한국 장년층 남성의 절반가량은 70세가 될 때까지 노동시장에 머문다. 사실상 은퇴 후에도 20년 정도 노동시장에 잔류하며 계속 일을 해야 하는 실정이다.

현역에서 오랫동안 경쟁력을 갖추고 일하고 싶다면 은퇴 전부터 자신의 업무처리 기술능력 향상에 신경을 쓰고, 인생을 이모작할 수 있는 새로운 기술이나 지식을 습득해야 한다.

"은퇴 후 어떤 삶을 살 것인가?"

"무엇에 도전할 것인가?"

"그것을 실현하기 위해 지금 실천해야 할 것은 무엇인가?"

하루라도 젊을 때 자신에게 이런 질문을 던져야 한다. 삶을 향한 열정적인 자세는 언제나 새로운 기회의 문을 열어준다.

건강은 즐겁게 살기 위한 수단이다

스트레스 받아 죽겠다?

요즘은 어른이나 아이 할 것 없이 "스트레스받아 죽겠다."라는 말을 입에 달고 산다. 의학적인 영역에서 스트레스란 말을 처음 사용한 사람은 내분비학자 한스 셀리에 박사다.

그는 1936년 '과도한 스트레스의 작용이 만병의 근원이 된다.'라는 '스트레스 학설'을 주장했다. 이렇게 스트레스의 부정적인 면이 주목받다 보니 우리는 걸핏하면 스트레스를 풀어야 한다고 말한다.

노후에 대해 생각해 보자. 스트레스를 느낀다면 매우 정상적인 반응이다.

'적은 연금만으로 살아갈 수 있을까?'

'암에 걸리기라도 하면 어쩌지?'

'독거노인으로 외롭게 살다 죽는 건 아닐까?'

이런 불안한 마음이 드는 것이 당연하다.

그러나 스트레스는 역으로 불안감을 해소할 기회도 된다. 노후에 대한 스트레스는 그것을 해결하려는 노력으로 이어진다. 시행착오를 겪어가며 문제를 해결하는 힘을 심리학에서는 '자기 교육력'이라 한다.

이렇듯 스트레스는 불안감을 해소하는 기회가 되지만 오래 방치해 두면 건강에 해로운 것이 사실이다. 세상에는 내 힘으로 해결할 수 없는 일도 많기 때문이다. 문제는 쌓인 스트레스를 어떻게 푸느냐이다.

'잃어버린 20년'이라 불리는 혹독한 경기 침체를 겪은 일본에서는 "스트레스는 STRESS로 풀라."라는 처방이 있다. 적당한 운동(Sports)을 하고, 여행(Travel)을 다니고, 오락(Recreation)도 즐기고, 잘 먹고(Eating), 잘 자고(Sleeping), 많이 웃고(Smile) 살라는 것이다.

이 모든 행위의 앞글자를 따면 'STRESS'가 된다. 또 'S'는 노래(Sing)를 흥얼거리고, 대화(Speaking)를 나누고, 좋아하는 공부(Study)를 하거나 봉사(Service)활동을 하는 것으로 대체할 수도 있다.

한 가지 더 추가하면 스몰토크(Small Talk)가 있다. 이는 가벼운 잡담이나 수다를 의미한다. 심리학자 지그문트 프로이트는 진료를 할 때 '대화요법'을 활용한 것으로도 유명하다. 그는 대화로 마음의 병을 치료할 수 있다고 믿었다.

수다를 떨면 마음이 가벼워진다. 또 고민을 친구에게 털어놓으면 마음이 뻥 뚫리고 속이 후련해진다. 이것을 카타르시스라고 한다. 마음을 짓누르고 있던 갈등이나 불안을 밖으로 토해냄으로써 마음의 긴장을 푸는 것이다.

세상 모든 부모가 "스트레스받아 죽겠다."라고 말한다면 그건 필시 자식들 때문일 것이다.

한동안 나의 가장 큰 스트레스는 딸아이의 학업이었다. 미국에 유학 가 있는 딸의 공부가 제대로 진척되지 못해 마음이 좋지 않았다. 딸이 육아하느라 학업에 몰두할 수 없다는 걸 알면서도 나도 모르게 잔소리를 하고 말았다. 그 탓에 한동안 딸과의 관계가 미묘해졌고 화해하는 데 꽤 많은 시간이 걸렸다. 자식의 인생에 간섭하지 않겠다는 결심은 이렇게 종종 무너지고 만다.

또 자식들에게 경제적인 지원을 해주지 못하는 것도 스트레스가 되었다. 나는 오래전부터 자식들에게 경제 원조는 대학 교육비, 결혼 자금까지만이라고 못 박아 두었다. 나의 노후가 우선이라고 생각하지만 자식들이 경제적인 문제에 부딪히는 것을 볼 때마다 외면하기가 쉽지 않다.

나는 '자식들에게도 그들의 인생이 있으니 간섭하지 말자.'라고 일찌감치 결심했다. 하지만 결심과 실천은 다른 영역의 문제인 듯하다. 연구를 잘 하느냐 못하느냐는 딸의 문제이고, 경제 원조도 내가 해줄 수 있는 영역이 아닌데 자꾸 연연하게 된다.

그러나 앞서 말한 '자기 교육력' 덕분에 자식들로 인한 스트레스는 다시 내 삶에 집중하겠다는 의지를 다지게 한다. 다들 성숙한 어른이고 사회인으로 제 몫을 해나가고 있으니 잘 해나갈 거라 믿는다.

자식들 일로 스트레스를 받으니 그 시간에 차라리 산책을 하든지 운동장을 한 바퀴 도는 것이 낫다. 자식 인생에 관여하지 않겠다는 결심이 냉정해 보일지라도 그것이 결국 그들을 위하는 길이라는 것을 언젠가 자식들도 이해할 것이다.

그러니 세상의 모든 부모들이여, 건강하게 100세까지 살아야 할 우리들의 몸에 자식 고민으로 인한 스트레스를 주지 말자.

건강한 삶의 조건

인디언들은 말을 타고 먼 길을 가야 할 때 단숨에 달려가지 않고 가끔 말에서 내려 자신이 달려온 길을 되돌아본다. 자기 자신이나 말에게 휴식을 주기 위해서가 아니다. 말이 너무 빨리 달린 탓에 '영혼'이 행여 따라오지 못했을까 봐 염려해서라고 한다.

나도 가끔 세월의 속도에 마음이 미처 따라오지 못한 것을 느낄 때가 있다. 내 몸의 속도와 마음의 속도가 다름을 느낄 때 나도 잠시 멈춰 서서 마음을 기다려 준다.

건강과 관련해서는 젊을 때와 비교하며 우울해할 일도, 애써 건강함을 과시할 일도 없다. 다만 건강을 잃으면 온 천하가 내 것이라 해도 아무런 소용이 없음을 기억하자. 건강이 모든 삶의 기본 바탕인 만큼 할 수 있는 한 열심히 관리해야 한다.

나이가 들수록 건강을 화제로 이야기하는 일이 많아졌다.
"양파를 와인에 담가 마셔라."
"치매에 걸리지 않으려면 이것을 먹어라."
"이것만 지켜도 백 세까지 산다."
"고지혈증 예방 특효 음식은 바로 이것이다."
최근에는 어떤 음식이 어떤 병에 좋다는 근거 없는 푸드 패디즘(food faddism)을 비롯해 유행하는 건강보조식품, 생활 습관병에 좋다는 의학 정보를 서로 공유하는 일도 늘었다. 새삼 나와 친구들이 건강에 많은 관심을 갖게 된 나이가 되었음을 깨닫는다.
그렇다면 건강한 노후를 보내기 위해서는 어떻게 해야 하는 것이 좋을까?

첫째, 섭생에 신경 쓰자.

섭생은 병에 걸리지 않도록 규칙적으로 생활하는 것을 말한다. 먹는 것이 섭생의 기본이다. 음식물을 조심해서 섭취해야 할 필요가 있다. 전문가들은 배가 조금 덜 찰 만큼만, 꼭꼭 씹어 먹어야 한다고 입이 아프도록 조언한다.

섭생을 잘하면 장수하고, 섭생을 잘못하면 단명하므로 결국 장수도 단명도 섭생, 즉 생활습관에 달려있다고 할 수 있다. 한국인의 대표적인 사망 원인인 암, 심장병, 뇌졸중은 모두 잘못된 생활습관에서 비롯된다.

나는 특별히 가리는 음식이 없고 무엇이든 잘 먹지만 건강을 위해 체중 관리만은 신경을 쓰는 편이다. 그래서 과식을 하지 않고 저녁 8시가 넘으면 되도록 음식물 섭취를 삼간다. 과일은 식사 전에 먹고, 커피는 하루에 두 잔 정도 마신다. 그리고 녹차는 매일 한두 잔씩 꼭 마신다. 또 빨리 자고 빨리 일어나는 편이다. 그래서 나는 가장 이른 시간에 배달해주는 신문을 구독한다.

둘째, 자각증상에 귀 기울이자.

인간의 몸은 이상이 있을 때 반드시 신호를 보낸다. 무리하면 목덜미가 당기거나 숨이 차거나 혈압이 오르는 것처럼 말이다. 이런 신호가 오면 빨리 캐치하자. 치료보다 예방이 중요하다.

셋째, 가족력에 관심을 갖자.

부모나 형제가 특정한 병으로 사망했다면 그것을 조심할 필요가 있다. 폐가 안 좋다, 간이 안 좋다 같은 가족력을 무시해서는 안 된다. 가족력이 질병으로 이어질 확률이 높으니 평소 관심을 가지고 정기적으로 검진을 받는 등 신경을 써야 한다.

넷째, 건강을 과신하지 말자.

평생 감기 한 번 걸려본 적이 없다고 건강을 과신하는 사람이 있다. 병을 앓아본 적 없으니 자신의 몸이 어떤 상태인지도 모른다. 이런 사람일수록 어느 날 갑자기 뇌졸중이나 심근경색, 심부전으로 사망할 확률이 높다.

반면 몸이 안 좋은 사람은 건강관리에 신경을 쓰고 미리 병원을 찾기 때문에 병을 일찍 발견해 치료한다. 따라서 건강을 과신하는 것은 금물이다.

다섯째, 병과 친구가 되자.

사람이 나이를 들면 누구나 병이 생길 수 있다. 나도 현재 생활 습관병으로 약을 먹고 있으며, 정기적으로 병원 진료를 받고 있다. 일본에는 '일병식재(一病息災)'라는 말이 있다. '골골팔십'과 일맥상통하는 말로, 병이 한 가지 있으면 오히려 더욱 건강관리에 신경을 쓰고 그것이 건강한 삶의 동기가 된다는 의미다. 요즘 같은 고령사회에서는 병을 무서워하고 적으로 볼 것이 아니라 친구처럼 사이좋게 지낼 것이 오히려 적합한 자세가 아닐까 생각한다.

일본 게이오대학 의학부가 12년간 장수의 비밀을 밝히기 위해 시행한 면접조사 결과도 한 번 살펴보자.

조사 결과 100세인이 되면 거의 모든 사람들이 병을 가지고 있으며, 대표적으로 고혈압(62%), 골절(46%), 백내장(46%)을 앓고 있었다. 특히 여성은 골절(52%)이 많았으며 남성은 뇌혈관 장애나 암이 많다는 특징이 있었다. 그런데 특이하게도 당뇨병을 앓는 사람은 매우 적었다.

여기서 주목할 점은 100세인들은 한결같이 당뇨를 앓지 않았다는 것이다. 일본인의 3대 사망 질환은 한국과 같은 암, 심장병, 뇌졸중인데, 이 병들은 모두 당뇨가 원인이 되어 나타난다. 그러므로 장수하기 위해서는 무엇보다 당뇨병에 걸리지 않는 것이 중요하다.

이 밖에도 100세인은 체중 변동이 거의 없었다. 체중 변동이 없다는 것은 생활습관이 좋다는 의미다. 체중 변동은 사회·경제적 요건과 관계가 깊다. 얼마 전 한국에서도 체중과 관련된 통계가 발표되어 화제가 되었다.

소득이 높은 지역은 적정 체중 주민이, 소득이 낮은 지역은 과체

중 주민이 많다는 것이다. 소득과 체중의 상관관계가 흥미로우면서도 뒷맛이 씁쓸하다. 경제적으로 여유가 있을수록 건강하게, 오래 살 수 있다는 의미가 되기 때문이다.

우리가 건강에 신경을 쓰는 것은 영원히 죽지 않기 위해서가 아니다. 죽는 날까지 건강하게 살다 죽음을 맞이하기 위해서다. 또한 건강은 노후의 삶의 목적이 아니다. 그것은 즐겁고 품위 있는 노후를 보낼 수 있는 수단이다.

오전 6시, 나는 피트니스 센터로 간다

일본은 세계 최장수국으로 꼽힌다. 또한 병원에 누워 있는 노인인구가 많은 것으로도 유명한 나라다. 일본 후생노동성은 병든 노인인구를 줄이기 위해 중년부터 꾸준히 운동할 것을 권장하고 있다. 그렇다면 어떤 운동이 좋을까? 노화 전문가들은 단연 등산을 꼽는다.

일본인들이 한국 지하철을 타면 등산복에 배낭을 멘 사람들이 많은 것에 놀란다고 한다. 일본에서는 흔히 볼 수 없는 풍경이기 때문이다. 한국에서 등산은 최고의 운동이자 스트레스 해소 수단으로 여겨진다. 게다가 돈도 들지 않는 최고의 취미생활이자 운동법이다.

서울대학교 의과대학 박상철 교수는 전국을 누비며 100세 이상의 노인들을 인터뷰한 뒤 한국의 장수 지도를 그렸다. 그 결과 장수 마을이 해안 지역에서 중간 정도의 산간 지역으로 이동한다는 사실을 발견했다. 장수 마을은 해발 300m에서 500m 사이에 위치한 산간 마을이 가장 많았다.

박 교수는 이 위치에 장수 마을이 포진한 이유로 운동량을 꼽았다. 평지를 걷는 것보다 매일 산을 오르내리는 것이 엄청난 운동이 되었고, 장수에 도움을 준 것이다. 전문가들은 등산이야말로 자신의 체력과 몸 상태를 진단할 좋은 기회이자 훌륭한 운동이라고 말한다.

아쉽게도 나는 등산을 즐기지 않는다. 대신 유도, 수영, 에어로빅, 헬스, 테니스 등 다양한 운동을 섭렵해 왔다. 에어로빅은 2002년 즈음 시작해서 2년 정도 했다. 빠른 비트의 음악, 강사의 구령에 맞춰 열심히 몸을 흔들다 보면 땀이 쫙 나면서 기분이 좋아졌다.

"남자가 무슨 에어로빅이야?"

친구들은 핀잔을 주었지만 나는 개의치 않았다. 내가 그 수업의 유일한 남자였던 것은 사실이지만 말이다.

가장 꾸준하게 하는 운동은 헬스다. 매일 새벽 녹차 한 잔을 마시며 신문을 읽는 것으로 정신을 깨운다. 그다음은 몸을 깨울 차례다. 오전 6시, 집 근처 피트니스 센터로 가서 가볍게 스트레칭을 한 후에 1시간가량 운동에 집중한다. 벤치 프레스, 레그 프레스, 트레드밀을 주로 한다. 요즘은 헬스장에서 내 연배의 사람들을 자주 만나게 되어 반갑다. 우리는 서로의 운동을 도와주기도 하고, 잠시 잡담을 나누기도 한다.

배고픈 사람이 식사의 소중함을 알고, 전쟁 중인 나라가 평화의 가치를 절감하는 것처럼 건강의 가치는 병을 앓아본 사람이 가장 잘 안다. 사람이 한 번 큰 병을 앓고 나면 건강의 소중함, 가족이나 친구의 고마움, 모든 것에 감사하는 마음 등 많은 것을 느끼게 된다.

그러나 소 잃고 외양간 고칠 필요가 있을까? 우리 나이쯤 되면 건강을 잃고 고생하는 사람들의 사례를 심심치 않게 본다. 유비무환의 자세로 건강은 건강할 때 지키자.

나도 가끔은 새벽에 운동하러 나가는 일에 꾀가 날 때가 있다. 그래도 집을 나서면 나오길 잘했다는 생각이 든다. 운동을 안 하는 날에는 몸이 더 찌뿌듯하다. 습관이란 이렇게 무서운 것이다.

인생에 정년퇴직은 없다

은퇴 후 남은 35만 시간, 어떻게 쓸 것인가

65세는 노인일까? 노인이 아닐까?

노인의 연령 기준을 만 65세에서 70세로 올리는 일을 두고 사회 곳곳에서 논의가 한창이다. 이 기준이 벌써 30년 전에 도입된 것이고, 100세 시대를 앞둔 만큼 수정이 필요하다는 것이다.

물론 여기에는 복지 재정의 부담이 커졌다는 속내가 있다. 고령화로 65세 이상 노인인구가 급격하게 증가해 국민연금, 지하철 무임승차로 인한 부담이 커지게 되었다. 그렇다고 쉽게 노인 연령을 높일 수도 없다. 안 그래도 기댈 곳 없는 한국 사회의 노인 빈곤을 더욱 심화시킬 수 있다는 우려 때문이다. 노인 연령을 상향시킬 경우 정년을 늘려야한다는 의견도 있다.

만 65세가 되어 처음 '어르신 교통카드'를 발급받았을 때가 생각난다. 스스로는 아직 젊다고 생각했는데 법적인 노인의 범주 안에 밀어 넣어진 것 같아 약간 당혹스러움을 느꼈다. 사회의 배려가 감사하면서도 누군가 강제로 노인이란 명찰을 달아준 것 같은 기분이 들기도 했다.

정년퇴직을 맞이했을 때도 비슷한 심정이었다. 아직 일할 수 있는 체력과 능력이 있는데 '이제 그만 이곳을 떠나주십시오.'라는 통보를 받은 것 같아 마음이 착잡했다. 오늘날 많은 사람들이 최소 70은 넘어야 노인이라고 생각한다. 제도가 노인을 만드는 것 같다고 말하는 이들도 있다. 나 역시 그 생각에 동의한다.

간단하게 계산해 보면 100세 시대의 60은 70세까지 살던 시대의 나이로 환산하면 42세에 해당한다. 그야말로 청년이다. 이 말을 뒷받침하듯 UN은 2009년 '세계인구 고령화' 보고서를 통해 100세 장수가 보편화한 호모 헌드레드 시대의 개막을 선포했다.

UN은 2015년에는 인류의 평균수명을 고려해 생애 주기를 5단계로 나누었다. 0~17세는 미성년자, 18~65세는 청년, 66~79세는 중년, 80~99세 노년, 100세 이후는 장수노인이다. 이 기준에 따르면 65세는 아직 청년인 것이다.

그러다 보니 노인이냐 노인이 아니냐 하는 문제는 각자의 선택에 달린 것 같다. 노인복지법상 노인이 되었으니 나는 노인이라고 생각하는 사람도 있고, 나는 아직 노인이 아니라고 생각하는 사람도 있다. 한 가지 자명한 사실은, 어떤 식으로 생각하든 우리는 과거와 비할 수 없이 긴 시간을 살게 될 첫 번째 인류가 되었다는 점이다.

100세까지 산다고 가정했을 때 은퇴 후 약 40년, 35만 시간이 남아 있다. 이 시간을 어떻게 보낼 것인가는 전적으로 개인이 선택할 문제다.

한 번 생각해 보자. 우리는 학창시절 신중하게 진로를 선택했고, 직업을 선택했다. 또 배우자를 선택했고 함께 어떤 인생을 살아갈 것인지도 선택했다. 그런데 왜 은퇴 이후의 삶을 선택하는 일은 가볍게 여기는 것일까? 은퇴 이후, 그리고 노후에 할 일을 찾아 주도적으로 해나가는 일은 몹시 중요하다.

일본의 유명 영문학자이자 평론가인 도야마 시게히코(外山滋比古)의 《지적으로 나이 드는 방법(知的な老い方)》을 보면, 일본 미술계의 거장으로 손꼽히는 조각가 히라구시 덴추(平櫛田中)에 대한 이야기가 나온다.

이 조각가는 96세의 나이에 10년 동안 사용할 목재를 구입했다고 한다. 그리고 10년 치의 목재를 모두 조각하고 107세의 나이에 세상을 떠났다.

도야마 시게히코는 히라구시 덴추의 일화에 큰 감명을 받아 자신도 10년 치에 해당하는 원고지 3천 매를 주문했다. 그리고 10년 동안 그것을 사용하고 93세의 나이에 다시 10년 치 원고지를 주문했다. 앞으로 얼마나 더 살지 모를 90대 노인이 십년대계를 준비한다니! 보통 사람이 들으면 무모하다는 생각을 할지도 모르겠다.

그러나 1923년생인 도야마 시게히코는 현재도 평론과 저술활동을 왕성하게 하고 있다. 이러한 그녀의 활동은 인생의 끝이 언제인지 알 수 없으나 오늘도 묵묵히 내 할 일을 하며 충실한 삶을 살겠다는 의지를 표현한 것이라고 생각한다.

내 주변에도 히라구시 덴추, 도야마 시게히코처럼 노년의 삶을 열정적으로 살고 있는 분이 계시다. 앞에서 잠시 업급했지만, 13년이란 긴 세월 동안 《자치통감》을 번역한 권중달 교수님이다.

권 교수님은 정년을 10년 앞둔 1997년 무렵부터 정년 이후의 삶에 대해 고민하셨다고 한다. 그리고 이왕이면 커다란 프로젝트를 시작하자고 마음먹었다. 294권이나 되는 《자치통감》의 번역을 결심한 것도 그때였다.

그리고 80을 바라보는 권 교수님은 현재 또다시 10년의 프로젝트를 시작했다. 바로 220권의 《속자치통감》을 번역하는 일이다.

"이 일때문에라도 나는 앞으로 10년 동안은 죽지도 못합니다."

살며시 미소 지으며 말씀하시는 노학자의 열정이 새삼 내 마음을

인생에 정년퇴직은 없다

두드린다. 비록 직장에서는 은퇴했지만 우리 모두 각자의 인생에선 아직 은퇴하지 않았음을 나는 교수님을 통해 깨달았다.

직장에서의 은퇴는 그저 장소의 상실일 뿐 앞으로도 인생이란 마라톤은 계속될 것이다. 그러므로 내가 이 사회의 구성원이라는 긴장감을 잃지 말고 남은 인생을 보람차게 살기 위한 노력도 계속되어야 한다.

사회에 보탬이 되고 싶다는 욕구

직장인의 평균 은퇴 연령은 55~60세다. 은퇴하고 나면 '아무것도 하지 않을 자유'와 '무엇이든 할 수 있는 자유'가 펼쳐진다. 은퇴를 앞둔 사람이라면 한 번쯤 이 자유에 대해 생각해 보아야 한다. 자유란 말은 로맨틱한 동시에 잔혹하다. 무엇이든 스스로 선택하고 책임을 져야 하기 때문이다.

극단적인 예로 고관대작보다 차라리 노숙자가 편해 보이지 않는가? 사회의 속박에서 벗어나 자고 싶을 때 자고 먹고 싶을 때 먹고, 세금을 낼 필요도 없고, 복잡한 인간관계에 머리 아플 일도 없다. 하지만 노숙자의 선택에도 그에 수반하는 책임이 뒤따른다.

많은 이들이 은퇴 후 사회에 보탬이 되는 일을 하고 싶어 한다. 한 기업의 연구소가 기업 임원 351명을 대상으로 한 여론조사 결과를 보면, 93%가 은퇴 후 봉사활동을 하고 싶어 했고 가장 선호하는 봉사 형태는 재능기부(60.4%)였다. 목욕 봉사와 같이 소외계층을 돌보는 일반적인 봉사활동(22.5%), 물질적인 기부(14.5%)가 그 뒤를 이었다.

그러나 봉사를 하고 싶어도 적당한 기회를 찾기 어려운 경우가 많다. 이런 사람들을 위해 국가가 봉사의 통로를 만들어 주면 어떨까? 그렇게 되면 우리 사회에 유용하게 쓰일 능력을 갖춘 이들이 봉사를 자처할 것이다.

내가 아는 분은 병원에서 자원봉사 활동을 하고 계시다. 처음에는 몸이 고되었지만, 자신을 의지하고 기다려주는 사람이 있다는 것만으로도 삶에 기쁨이 생긴다고 하신다.

노벨 평화상 수상자인 테레사 수녀는 말했다.

"나눔은 우리를 진정한 부자로 만들며, 나누는 행위를 통해 자신이 누구이며 또 무엇인지를 발견하게 된다."

봉사할 때는 자신에게 맞는 일이 무엇인지 아는 것도 중요하다. 평소 봉사활동에 관심이 많은 제자가 있었다. 그는 졸업 후 일본에 가서 노인복지 분야를 더 공부해보고 싶은 꿈도 가지고 있었다. 제자가 처음 봉사활동을 시작한 곳은 복지관이었고, 맡은 일은 노인들의 말 상대가 되어주는 것이었다.

커피 한 잔을 하는 자리에서 제자는 자기가 봉사를 너무 쉽게 생각한 것 같다고 말했다. 몸이 힘든 건 상관없지만 노인들을 직접 만나 대화를 나누는 것이 어렵다고 했다.

나는 봉사도 각자의 성격이나 특성과 맞아야 한다고 생각한다. 말수가 적고 감정을 표현하는데 서툰 제자에게 말 상대를 하는 봉사는 힘든 숙제 같았을 것이다. 나는 편안하게 할 수 있는 다른 일을 찾아보라고 조언했다. 결국 제자는 글을 가르치는 일을 시작했고 지금도 꾸준히 봉사활동을 하고 있다.

이렇게 봉사활동도 내가 잘할 수 있는 것, 어느 정도는 재미를 느낄 수 있는 것이어야 즐거운 마음으로 오래 할 수 있다.

나는 이어령 교수님이 창립 인사로 계신 한 통역자원봉사단(BBB 코리아)에서 일본어 통역사로 자원봉사 활동을 하고 있다. 창립 멤버로서 2002년부터 지금까지 꾸준히 활동 중이다.

일본인이 한국에 와서 언어로 인한 불편함을 느낄 때 그것을 해소해주고, 언어가 달라 풀지 못했던 문제들을 원만하게 해결하는 데 도움을 주었을 때 큰 보람을 느낀다. 그리고 미약한 내 작은 능력이 이 사회에 보탬이 되고 있다는 생각에 가슴이 뿌듯해진다.

세상을 움직이는 그레이 파워

지난 2006년, 일본의 한 정당은 고령자 의료비 부담률을 기존 10%에서 20%로 올리겠다는 발표를 했다. 그리고 그 직후에 열린 의원 선거에서 참패했다.

그러자 정치권은 곧바로 말을 바꿔 의료비 부담률 현행 유지를 결정했다. 젊은 세대들의 과도한 사회적 비용 부담을 해소하기 위해 내린 결정이었으나, 고령 유권자들의 반감을 사자 바로 태도를 바꾼 것이다.

전 세계적으로 고령화가 진행되면서 실버 민주주의(silver democracy)의 특성이 드러나고 있다. 실버 민주주의란 유권자 비율이 높은 고령자의 정치적 영향력이 커지는 현상을 말한다. 민주주의는 다수결, 즉 숫자에 의해 좌우된다.

노인이 정치를 주도하면 인구수에서 밀린 젊은이들을 위한 정책은 뒷전으로 밀릴 수밖에 없다. 오죽하면 일본에선 세대격차를 해소하고 젊은 세대의 투표 참여를 독려하기 위해 젊은 유권자 1표를 1.5표나 2표로 카운트하자는 방안이 제시되었을까?

인구 고령화는 정치, 경제, 사회, 문화 등 모든 부문에서 노인들의 욕구 표출을 가속화시킬 것이며 노인들의 정치 집단화도 급속히 진행시킬 전망이다. 이를 가리켜 '고령시민 파워(senior citizen power)',

'회색 파워(gray power)'라고 한다.

경제학자 피터 드러커는 《21세기 지식경영》에서 선진국의 출산율 감소와 고령화 현상이 선진국 정치에 대혼란을 가져올 것으로 내다보았다. 일본뿐 아니라 미국 사회에서도 노인 문제를 외면하거나 정책에 반영하지 않는 정치와 정치인은 설 자리를 잃고 있다.

이현승, 김현진의 책 《늙어가는 대한민국》을 보면 이런 노인들의 파워가 2000년 실시된 미국 대통령 선거에서 유감없이 발휘되었다는 내용이 나온다.

정치인들은 선거 때만 되면 포퓰리즘에 의존한다. 청년 실업률을 해소하겠다며 선심성 공약을 내세우지만 선거가 끝나면 관심도 두지 않는다. 최근 국정농단으로 인한 촛불집회 이후 한국 젊은이들의 사회와 정치에 관심이 높아지긴 했으나 여전히 정치에 무관심한 이들이 더 많다.

고령자를 유혹하는 달콤한 선심성 공약도 난무한다. 재정적인 문제가 있음에도 우선 눈앞의 표 때문에 고령자를 유혹하는 선거공약을 슬로건으로 내세우기 일쑤다. 고령자를 의식한 정책에 치중하다 보면 세대 간의 갈등을 피할 수 없다. 고령화 속도가 빠른 한국도 실버 민주주의가 대두될 조짐이 보인다는 것이 많은 전문가들의 지적이다.

미래의 정치가 오직 노인에 의한, 노인을 위한 정치가 된다면 장차 대한민국의 미래는 어둡다. 사회는 보수적이 되고, 혁신보다는 안정만을 추구하게 될 것이다. 또 한국 사회의 미래를 책임질 젊은 세대보다 고령자들의 이익만을 대변하는 정치 구조로 갈 수밖에 없다.

나는 우리 호모 헌드레드들이 젊은이들로부터 원망을 듣게 될까 봐 두렵다. 두 세대가 서로 공감하고 연대할 수 있는 대안이 필요한 시기라는 생각이 든다. 먼저 후배들의 앞길에 방해가 되지 말고, 상대방을 배려하는 마음가짐을 가져야 할 것이다.

우리는 앞으로도 꽤 긴 시간 젊은 세대와 화합하며 살아가야 한다. 고령화가 세상을 변화시킬수록 장차 미래를 이끌어 나갈 젊은이들을 배려하는 일을 잊지 말자. 그것이 이 시대 어른들에게 주어진 의무일 것이다.

실버 민주주의의 폐해는 우리가 함께 해결해 나가야 할 과제지만, 고령화로 인해 긍정적인 변화를 맞고 있는 분야도 있다. 바로 실버 산업 분야다.

유학생 시절 허리가 구부러진 할머니가 시장이나 마트에 실버카를 밀고 나온 것을 본 적이 있다. 실버카는 보행 보조형 카트다. 바퀴가 4개고, 물건을 담을 수 있는 작은 바구니가 달려 있다. 당시 일본은 독거노인이 많아 그 모습을 쉽게 볼 수 있었는데, 유학생의 눈에는 그저 신기할 뿐이었다.

요즘 한국에서도 쇼핑하거나 산책할 때 실버카를 밀고 나온 노인들을 가끔 본다. 일본에서는 중년 여성들도 편리함을 이유로 실버카를 자주 이용하고 있는데, 곧 한국에서도 흔한 풍경이 되지 않을까 싶다.

일본에 비하면 한국의 실버산업은 아직 초기 단계지만 발전 속도는 급속히 빨라질 것으로 보인다. 특히 미래의 유망산업으로 실버마켓에 대한 인식이 높아지고 있으며 이를 실버 비즈니스로 연결하기 위한 기업들의 움직임도 남다르다.

약학, 물리치료, 의료, 복지 분야 등 변화하는 사회 트렌드를 반영한 산업분야가 번창할 것이며, 이제 노년층의 니즈(needs)를 만족시키는 분야가 시장을 지배할 날이 올 것이다.

고령자 친화적인 전략도 강화되고 있다. 일본의 주요 이동통신사들은 글자 크기를 확대하고 복잡한 소프트웨어들을 대폭 줄여 제품을 단순화하는 등 노인들의 불편을 해소하고 편의성을 고려한 스마트폰을 출시하고 있다. 신문이나 책의 활자도 커지고 있다. 노인을 대상으로 하는 방송 프로그램은 일반 방송보다 말의 속도를 느리게 하기도 한다.

이 외에도 부모와 자식이 각자의 프라이버시를 지키면서 함께 생활할 수 있는 2세대 주택, 노인들의 이동 편의나 문턱에 걸려 넘어지는 것을 방지하기 위한 문턱 없는 집(barrier free)이 지어지고 있다.

실버 비즈니스와 관련하여 미국의 시사주간지 《타임(TIME)》은 섹스리스 부부가 급증하는 일본에서 중장년층과 노년층을 겨냥한 성인물이 틈새시장 상품으로 떠오르고 있다고 보도했다.

이미 포화상태에 이른 성인물 시장에서 노인이 새로운 소비층이 될 경우 새롭고 참신한 줄거리의 성인물을 만들 수 있기 때문이다. 아울러 《타임》은 지난 10년간 노년 포르노 산업은 두 배로 성장했다며 고령화가 가속화될수록 수요가 급증할 것이라고 덧붙였다.

그동안 소비 현장에서 '없는 존재' 취급받아 왔던 노년층이 최대 소비자로 떠오르면서 기업들은 노년 소비층을 최대 고객으로 인정하고 끌어들어야 하는 숙제에 직면해 있다.

기업들이 실버 산업을 전개하며 시행착오를 거듭하는 것은 어쩌면 당연한 과정이다. 지금껏 우리는 이런 세상에서 살아본 적이 없기 때문이다. 확실한 건 점점 노인이 살기 좋은 세상이 만들어지고 있다는 것이다.

지적활동이 안티에이징이다

1년에 책 100권은 어렵겠지만

일본 유학 시절 지도 교수님이 해주신 말씀이 있다.

"1, 10, 100을 기억하게. 1은 무엇이든 상담할 수 있는 교수를 말한다네. 일본에 유학을 왔으니 학문이나 인생에 대해 상담할 수 있는 교수가 적어도 한 명은 있어야 해. 내가 그런 사람이 되어 주겠네. 10은 10명의 일본인 친구를 사귀란 의미야. 힘든 유학생활에 힘이 될 친구가 있어야겠지. 마지막으로 100은 1년에 적어도 100권의 책을 읽으라는 나의 권유라네. 독서가 자네 연구는 물론 앞으로의 인생에 등불이 되어줄 거야."

지도 교수님의 '1, 10, 100'은 내가 현직에 있을 때 신입생들이 들어오면 항상 들려주던 이야기다. 그만큼 내 삶에 큰 도움이 되었기 때문이다.

나는 교수님의 1년에 100권의 책을 읽으라는 조언을 지키기 위해 무던히 노력했다. 그러기 위해선 적어도 1주일에 책 2권은 읽어야 했다. 늘 시간에 쫓기느라 100권을 정독했다고 할 수는 없지만 덕분에 제법 많은 양의 책을 읽게 되었다.

그때부터 중요한 부분은 항상 형광펜이나 볼펜으로 언더라인을 긋고, 기억하고 싶은 좋은 내용이나 연구에 필요한 부분은 메모지에 베껴서 테마별로 분류해서 정리, 보관하는 습관을 유지하고 있다.

몇 해 전만 해도 지하철을 타면 책이나 신문을 보는 승객이 제법 눈에 띄었다. 하지만 최근 지하철 풍경은 예전과 확연히 다르다. 남녀노소를 불문하고 다들 스마트폰만 들여다보고 있다. 스마트폰 하나만 있으면 뉴스와 웹툰을 보고, 텔레비전도 시청할 수 있다. 그러다 보니 책을 사서 읽는 사람이 많지 않은 것 같다. 어쩌면 책 볼 시간을 스마트폰 보는 것에 빼앗기고 있는지도 모른다.

2013년 '국민 독서 실태 조사' 결과에 의하면 성인 1인당 연간 독서량이 9.2권(월 0.76권), 학생은 연간 32.2권(월 2.69권)이다. 다른 OECD 국가들과 비교해도 턱없이 낮은 독서량이다. 스마트폰이 한국에만 있는 것은 아닐 텐데 독서량이 낮은 현실이 아쉽게 느껴진다.

철학자 데카르트는 말했다.

"좋은 책을 읽는 것은 과거 몇 세기의 가장 훌륭한 사람들과 이야기를 나누는 것과 같다."

독자는 책 한 권을 읽는데 길어야 1주일이 걸린다. 데카르트의 말처럼 1주일을 투자해 과거 몇 세기의 훌륭한 사람들과 대화를 나눌 수 있다면 그것만큼 남는 장사가 있을까?

마음의 양식이자 지혜의 샘물인 책을 많이 읽는 사람은 그만큼 문화와 예술을 즐길 수 있는 감성의 촉수가 예민해진다. 책을 가까이 하는 사람은 생의 다양한 결을 더 세심하게 즐길 수 있다. 현실을 사는 실용적인 지식도 책에서 얼마든지 캐낼 수 있다.

누군가 먼저 깨달은 지혜를 그렇게 손쉽고 경제적으로 획득할 수 있는 길을 외면한다는 것은 안타까운 일이다. 책 읽기는 한가로운 노인들의 즐거움이 될 수 있다. 손주들에게 책을 읽어주는 것도 큰 즐거움이다.

일본에서는 나이 든 유명인이 책을 출판하는 일이 작은 붐을 일으키고 있다. 그들은 한결같이 독서를 권하며 지적활동이 장수의 비결이라고 주장한다.

한국에서도 책과 더불어 한평생을 살아오신 98세의 김형석 교수님은 그의 저서 《백년을 살아보니》를 통해 독서에 대해 다음과 같이 말씀하셨다.

> 나는 세계 여러 지역과 나라들을 여행하면서 크게 느낀 바가 있었다. 왜 영국, 프랑스, 독일, 미국, 일본이 선진국이 되고 세계를 영도해 가고 있는가. 그 나라의 국민 80% 이상은 100년 이상에 걸쳐 독서를 한 나라들이다. 이탈리아, 스페인, 포르투갈, 러시아 등은 그 과정을 밟지 못했다. 아프리카는 물론 동남아시아나 중남미에 가도 독서를 즐기는 국민적 현상을 볼 수가 없었다.
> 나는 우리 50대 이상의 어른들이 독서를 즐기는 모습을 후대에게 보여주는 일이 무엇보다도 중요하며 시급하다고 믿고 있다. 그것이 우리 자신의 행복인 동시에 우리나라를 선진국으로 진입, 유지하는 애국의 길이라고 확신한다. 나이 들어 느끼는 하나의 소원이기도 하다.

독서는 '스필오버 효과(spillover effect)'가 있다. 스필오버 효과란 어떤 혜택이나 현상이 흘러넘쳐 다른 곳까지 영향을 미치는 것을 말한다. 독서는 개인의 경쟁력을 높이는 수단이다. 또한 국민의 독서력이나 독서량이 곧 국력이 되고 경제력이 된다.

영국의 소설가 아널드 베넷의 경구도 마음에 와닿는다.

"무엇이나 좋으니 책을 사라. 방에 쌓아두면 독서 분위기가 만들어 진다. 겉치레 같지만 이것부터가 중요하다."

　두말할 것도 없이 가방 속에 책 한 권이 들어 있는 사람은 멋지다. 흔들리는 지하철에 몸을 맡기면서 온화한 표정으로 책을 읽는 사람은 아름답다. 독서는 노후를 지적으로 보내는 데 있어서 빠트릴 수 없는 필요충분조건이다.

　또한 독서는 치매 예방에 좋다고 한다. 노후 질환 중 우리를 가장 두렵게 하는 것은 치매일 것이다. 아무리 몸이 건강하다 해도 두뇌가 온전치 못하면 무슨 소용인가. 건강한 두뇌를 만드는데 독서만큼 좋은 것도 없다.
　'세 살 버릇 여든까지 간다.'라는 속담이 있다. 생활습관의 중요성을 강조한 말이다. 독서와 같은 지적인 습관을 만드는 일에도 시간과 노력이 필요하다. 육체적 생활습관이 '몸'을 위해서라면 지적 생활습관은 '뇌'를 위해서다.
　신경과 전문의 리처드 레스탁은 말했다.
　"뇌를 변화시키기에 너무 늦은 나이란 없다."
　우리 몸의 신장, 간, 폐 등은 나이가 들수록 기능이 떨어지지만 뇌는 사용할수록 기능이 향상되기 때문이다. 그러니 나이가 많아서 못 한다는 생각은 버리자. 세월이 흘러도 노화하지 않는 신체 기관이 있다는 것은 정말 감사한 일이다.

슬로 리딩의 미학

현직에 있을 때 주중에는 바빠서 책을 읽지 못하는 경우가 많았다. 그래서 주말에 책 1~2권을 들고 서울 근교의 가까운 절에 들어가기도 했다.

현재는 주로 일본의 노후생활에 대한 책들을 읽으며 지내고 있다. 바쁜 일상에서 벗어나 책을 천천히 읽어 보니 좋은 점이 있었다. 좋은 음식을 꼭꼭 씹어 먹는 것처럼 책의 맛과 영양분을 깊이 음미하게 된 것이다. 더욱 깊게 생각하게 되니 깨닫게 되는 것도 많아졌다.

다들 알다시피 독서법에는 여러 가지 유형이 있다.

책을 많이 읽는 것을 다독이라 하고, 단어의 뜻과 의미, 펼쳐지는 장면이나 상황 등을 유추해가며 꼼꼼히 읽는 것을 정독이라 한다. 소리를 내지 않고 읽는 독서법을 묵독이라 하고, 반대로 소리 내어 읽는 독서법을 음독이라 한다. 책을 빠른 속도로 읽는 것을 속독이라 하고, 내용을 음미하면서 천천히 읽는 독서법을 지독(遲讀), 또는 슬로 리딩(slow reading)이라 한다.

1999년 소설 《일식(日蝕)》으로 제120회 아쿠타가와 상을 수상한 일본 작가 히라노 게이치로(平野啓一郎)는 책을 천천히 꼼꼼하게 읽는 슬로 리딩을 제안한 것으로 유명하다. 이것은 그의 경험에서 나온 권유라 할 수 있다.

그는 14살 때 어른들에게도 난해한 미사마 유키오(三島由紀夫)의 《금각사(金閣寺)》를 천천히 읽고 또 읽음으로써 내용을 이해한 경험이 있었다. 이렇게 깊이 있는 독서를 시작한 그는 결국 10년 뒤 일본 문단의 스타가 되었다.

최근 미국과 유럽에서는 '양'의 독서에서 '질'의 독서로 나아가자는 취지를 살린 슬로 리딩 클럽이 화제다. 회원들은 일주일에 한 차례 모여 한 시간 동안 책을 읽고 헤어진다. 모임을 통한 사교활동도 책에 대한 각자의 생각을 토론하는 일도 없다. 그저 조용히 책을 읽다 가는 게 전부다. 클럽에서 지켜야 할 유일한 규칙은 독서에 완전히 몰입하기 위해 휴대전화 전원을 끄는 것이다.

한 권의 책을 많은 시간을 들여 천천히 읽는 슬로 리딩은 바쁜 일상과 넘쳐나는 정보로 책조차 중요한 부분만 읽고 넘어가는 요즘 세태와 동떨어진 것처럼 보일 수 있다. 하지만 슬로 리딩은 우리 인생을 닮았다.

젊은 시절에는 삶을 천천히 음미하지 못하고 빠르게 달리기만 했다. 그러다 나이를 먹으니 길가에 핀 들꽃을 눈여겨보고, 세상의 아름다움을 눈여겨 관찰하게 되었다. 또 책을 읽을 때도 내가 살아온 세월을 성찰하고, 살아갈 시간에 대해 생각하게 된다.

전에는 무심코 지나치던 책의 행간에 함축된 뜻을 발견할 때 기쁨을 느끼고, 책을 읽을 때 마음이 풍요롭게 살찌는 것을 느낀다. 책을 읽는 사람에게선 은은한 향기가 난다. 나이가 들수록 그런 향기를 간직한 사람이 되는 것도 멋진 일이라 생각한다.

슬로 리딩과 함께 도서관 유람을 해보는 것도 추천하고 싶다.
한국에는 2016년 현재 1,019개의 공공도서관이 있다. 공공도서관에는 교양서를 비롯한 전문서적 등 많은 장서가 비치되어 있다. 이용자의 편의를 증대하기 위해 하나의 회원증으로 전국 방방곡곡에 있는 공공도서관을 모두 이용할 수 있는 책 이음 서비스도 있다.
인문학 특강이나 저자 초청강연 등 지역 특성에 맞는 인문정신문화 프로그램을 개설한 곳도 있다. 요즘 공공도서관은 단순히 책을 빌리는 곳이 아닌 문화, 예술, 인문학의 거점이 되는 듯하다.
같은 대학에 재직하다 정년을 맞은 선배 교수님은 도서관을 그저 책을 빌리는 곳, 학생들이 공부하는 곳이라고만 생각했다. 그런데 정년퇴직으로 연구실이 없어진 이후 도서관이 독서도 하고 집필도 할 수 있는 공간이라는 것을 알게 되었다고 한다.
교수님은 요즘도 매일 9시에 도서관에 가서 독서도 하고 연구와 집필활동을 하다가 오후 5시에 집으로 돌아가는 생활을 하고 있다. 교수님은 도서관이 다양한 연령대의 사람들이 진지하게 책을 읽거나 각자의 공부나 일에 몰두하는 분위기라 지적으로 큰 자극이 된다고 말했다. 덕분에 교수님은 2년에 한 권씩 전문서적을 출간하고 있다.

　이렇듯 은퇴 이후의 도서관 유람은 당신의 인생을 풍요롭게 하고 보다 지적인 삶을 살 수 있도록 도와줄 것이다.

취미가 힐링이다

취미의 발굴 포인트는 '재미'

많은 남편들이 현역 시절에는 직장생활에 쫓겨 가정을 돌볼 여유가 없었다. 그러나 막상 은퇴하고 나면 딱히 할 일이 없어서 온종일 집에 틀어박혀 있게 되는 경우가 많다. 이것은 그 자신은 물론 아내에게도 좋은 일이 아니다.

차라리 취미를 찾아 밖으로 나가자. 요즘은 복지관이나 지역 문화센터에 외국어, 스포츠, 악기, 서예, 가요교실 등 다양한 프로그램이 개설되어 있어 저렴한 비용으로 배울 수 있는 것이 많다.

"사는 것도 팍팍한데 취미에 쓸 돈이 어딨어?"

분명 취미생활에 돈을 쓰는 것을 사치라고 여기는 사람도 있을 것이다. 죄책감이 느껴질 땐 내가 평생 충분히 노력해 왔음을 기억하

자. 당신에게는 취미생활을 하나쯤 갖고 거기에 어느 정도의 돈을 쓸 권리가 충분하다. 취미로 우표를 모으는 사람도 있고, 그림엽서를 수집하는 사람도 있다. 프라모델을 만들거나 수석(돌) 모으기, 여러 종류의 화초 키우기가 취미인 사람도 있다.

내 친구 중에는 세계 각국의 호텔 볼펜을 수집하는 이가 있다. 다른 사람 눈에는 하찮게 보일지 몰라도 그는 수집한 볼펜만 보면 한없이 행복해진다고 한다. 그래서 나도 해외 호텔을 가면 그 친구를 위해 볼펜 한 자루를 챙겨온다. 이런 작은 즐거움이 노후의 삶을 반짝이게 한다.

취미를 발굴하는 일은 젊을 때부터 시작하는 것이 좋다. 이것저것 도전해 보면서 내게 맞는 걸 찾는 것이다. 일단 시도를 해봐야 그것이 내게 잘 맞는지, 재미있는지 알 수 있다. 취미란 회사 일이 아니다. 해보고 재미있으면 그것이 곧 취미가 된다. 취미의 발굴 포인트는 '재미'임을 잊지 말자.

누구나 젊은 시절 해보고 싶었지만 이런저런 사정 때문에 하지 못한 일이 하나둘쯤은 있을 것이다. 그 일에 다시 도전해 보자. 또 소질이 있다고 생각되는 분야에 도전하는 것도 좋다. 사람은 누구에게나 타고난 재능과 장점이 있다. 재미있다고 느끼는 일에 적극적으로 접근해 보면, 그것이 삶에 생동감을 부여해 줄 취미가 될 수도 있고, 내 인생을 바꿀 계기도 될 수 있다.

한국의 스티비 원더로 불리는 시각장애인 하모니카 연주자인 전재덕 씨는 집으로 돌아가는 택시 안에서 라디오를 듣다가 하모니카와 사랑에 빠졌다. 라디오에서 흘러나온 곡은 재즈 하모니카의 대부로 꼽히는 벨기에 출신 투츠 틸레망의 연주였다.

그날 이후 전재덕 씨는 하모니카의 매력에 빠져 열심히 연습했다. 그리고 과거에는 전혀 예상하지 못했던 유명 하모니카 연주자가 되었다.

한국에서 《약해지지 마(くじけないで)》란 책으로 큰 반향을 일으킨 일본의 여류시인 시바타 토요(柴田トヨ). 그녀는 아들의 권유로 92세부터 시를 쓰기 시작했다. 아들은 90이 넘은 어머니가 오랜 취미였던 일본무용을 할 수 없어 우울해하는 것이 안쓰러워 그런 제안을 했다고 한다.

아들은 어머니의 시를 산케이신문에 투고했고, 그것이 신문에 실려 큰 화제가 되었다. 2009년 그녀는 98세의 나이로 《약해지지 마》라는 시집을 발간했고, 한국을 비롯한 전 세계인의 주목을 받는 베스트셀러 시인이 되었다.

영국의 철학자인 버트런드 러셀이 말했다.
"재미의 세계가 넓으면 넓을수록 행복의 기회가 많아지며 운명의 지배를 덜 당하게 된다."

맞는 말이다. 젊은 시절만 생각하면 노년은 재미없어진다. 자신에게 맞는 재미를 찾는 것이 진정으로 나이답게 늙어가는 것이다.

당신이 취미를 가져야 할 이유

최근 기타, 색소폰, 하모니카 등 반려악기가 노후의 건강 지킴이로 주목받고 있다. 악기를 폼 나게 연주하다 보면 우울, 불안, 초조 같은 마이너스 감정이 해소된다. 인지능력, 집중력이 향상되어 치매도 예방할 수 있다. 언젠가 지인의 결혼식에서 신부 아버지가 색소폰을 연주하는 모습을 보았는데 감동적이면서도 부러웠다.

나도 반려악기를 하나쯤 갖고 싶었다. 아쉽게도 게으름 때문에 실천하지 못했지만 전시회, 미술관, 박물관, 뮤지컬, 영화, 연극 등 문화와 예술을 정기적으로 즐기기로 한 약속은 그런대로 지키고 있다.

불화를 그리는 누님의 영향으로 한동안은 예술의 전당에서 운영하는 서예교실에 다녔다. 당장은 어렵겠지만 열심히 연습해서 언젠가 누님과 전시회를 열어보고 싶다.

안식년에는 일본에 가서 도자기교실을 다니며 찻잔 등을 만들었는데 귀국한 뒤에는 좀처럼 하지 못하고 있다. 내가 손수 만든 작품 몇 점을 가지고 있긴 하지만 좀 더 잘 만들어 보고 싶은 욕심이 있다.

언젠가 다시 한번 도전해 볼 계획이다.

요즘은 노후에 괜찮은 취미가 무엇일까 생각하고 있다. 시바타 토요가 90세 이후 무용대신 시 쓰기를 새로운 취미로 삼았던 것처럼 나도 나이를 먹어서도 즐길 수 있는 바둑 이외의 취미를 찾아보아야겠다.

그렇다면 노후에 취미를 찾아야 할 이유는 무엇일까?

첫째, 취미가 있는 사람은 행복한 노후를 보낼 수 있다.

바야흐로 100세 시대다. 취미를 갖는다는 것은 평생 함께할 친구를 갖는 것과 같다. 일이나 인간관계에 지칠 때 취미는 휴식처이자 힐링의 수단이 되어준다. 또 취미생활에 몰두하면 무료함과 외로움을 잊을 수 있다. 큰 것이든 작은 것이든 내가 재미있다고 생각하는 것에 도전해 보자.

지인 중에 은퇴 전부터 짬짬이 서예를 배워 공모전 등에서 수상을 한 분이 있다. 취미로 시작한 일이었는데 은퇴 후에는 서예가로 활동하며 강의도 다니고 있다. 큰 수입은 되지 않지만 취미가 뜻밖의 직업으로 연결되어 인생 이모작에 성공하게 되었다. 현재도 도자기, 캘리그래피를 열심히 배우고 있다. 이유는 단순했다.

"재미있어서, 또 내가 잘할 수 있는 일이니까."

둘째, 취미는 새로운 만남의 기회를 만들어 준다.

취미를 가지면 새로운 세계와 만날 수 있다. 인터넷이나 SNS를 통해 말이 통하지 않는 외국인과도 쉽게 친구가 될 수 있다. 국경과 세대, 성별을 초월하여 지금까지와는 전혀 다른 새로운 세계가 눈앞에 펼쳐진다.

취미는 새로운 기회다. 취미가 아니었다면 만날 수 없었을 사람들과 친구가 되고 활동영역을 넓힐 기회를 얻을 수 있다.

정년퇴직 후 학창시절 좋아했던 연극을 아내와 함께 시작한 친구가 있다. 공연을 위해 희곡을 고르고, 의상을 준비하고, 연습하는 과정, 그리고 새로운 사람을 만나 교류하고 소통하는 과정이 그렇게 즐거울 수 없다고 한다.

셋째, 취미생활은 잠들어 있던 감성을 깨운다.

평생 동대문에서 국밥집을 운영했던 70대 중반의 여성은 허리를 다쳐 일을 접게 된 뒤 실버 합창단에 가입했다. 젊은 시절 가수 뺨치게 노래를 잘한다는 소리를 듣던 어머니 앞에 입단신청서를 내민 건 바로 그녀의 딸이었다.

그녀는 주저하며 합창단에 들어갔으나 현재 그곳의 에이스로 활약 중이다. 또 삶의 희로애락을 노래로 풀어내며 울고 웃는 사이 메말라있다고 여겼던 감성이 활짝 깨어나는 것을 느꼈다고 한다.

나이가 들수록 만사에 감동을 느끼지 못하고 무덤덤해지기 쉽다. 이런 상황에서 취미생활은 잠들어 있는 감성을 깨우고 삶에 활력을 불어 넣어 준다.

낚싯줄에 물고기가 걸려 올라오는 강렬한 손맛, 열심히 가꾼 작은 텃밭에서 수확한 방울토마토를 깨물었을 때의 뿌듯함, 합창단원들과 눈빛을 교환하며 하나의 음을 표현해 내는 감동, 내 글씨에 감탄하는 이들을 볼 때 느끼는 가슴 벅참…….

이런 감성들은 당신의 노후를 여유롭고 풍요롭게 할 것이다.

• 5장 •

엔딩을 준비하며 삶을 이야기하다

#웰다잉 #재택임종 #엔딩노트 #유품정리인
#장례식초대장 #무연사회 #생활지침서

품위 있는 죽음, 좋은 죽음이란 '내가 원하는 장소 혹은 익숙한 환경에서 사랑하는 이들이 지켜보는 가운데 고통 없이 죽는 것'이 아닐까. '고종명(考終命)'은 유교에서 이르는 다섯 가지 복 중에 하나로, 제 명대로 살다가 편안히 죽는 것을 말한다. 내게도 그런 고종명의 복이 있는지 모르겠다.

남은 인생을 어떻게 살아가고, 어떤 죽음을 맞이할 것이며, 죽은 뒤에 무엇을 남길 것인가. 여기에는 정답이 없다. 우리는 그저 각자의 가치관과 목적에 맞게 삶의 마지막을 기획하면 된다. 나는 이것이 숭고하고 가치 있는 작업이라고 생각한다.

100세를 각오하다

장수시대의 숨은 두 얼굴

신문 기사를 검색하다 1986년에 실린 장수에 관한 기사를 읽게 되었다. 중국의 당나라 시인 두보의 말처럼 인생칠십고래희(人生七十古來稀)였던 우리나라도 100세 이상의 노인인구가 벌써 282명이라는 부분이 눈에 들어왔다. 기사는 곧 도래할 장수시대에 대한 기대감에 차 있었다.

통계청에 따르면 2016년 현재 한국의 100세 이상 노인은 3,159명으로, 10만 명당 6.6명꼴이다. 2026년에는 전체 인구의 20%가 노인이 되고, 초고령 사회로 진입할 전망이다. 인류가 그토록 염원하던 장수시대가 한국에도 열린 것이다.

'내가 100세인이 될 수 있을까?'

이 질문에 대한 주변 사람들의 대답은 'Yes'다. 나의 먼 친척 어른은 현재 85세이신데 의료기술의 발전 덕분에 앞으로 100세까지 살 것 같다고 자주 말씀하신다. 친구들도 치매나 중병에 걸리지 않고 경제적 빈곤, 고독만 피할 수 있다면 100세까지 충분히 살 수 있고, 또 살아보고 싶다고 말한다.

아내와도 이 주제로 이야기를 나눈 적이 있다. 내가 한국 남성의 평균수명까지만이라도 살고 싶다고 했더니 아내는 그동안 자식들 키우고 열심히 사느라 고생이 많았는데 이제부터라도 맛있는 것도 먹고, 여행도 다니며 100세까지 살아야하지 않겠느냐고 반박했다.

'건강하게'라는 조건을 붙인다면 나도 그러고 싶다. 건강하게 살다가 한두 달만 앓다가 편히 가고 싶다. 너무 큰 꿈일까?

타임머신을 타고 1986년에 장수시대를 고대하는 신문 기사를 쓴 기자를 만나 오늘날 한국인의 평균수명과 100세 인구에 대해 말해준다면 그는 '축복'의 시대가 열렸다고 말할 것이다.

이렇게 장수가 모든 사람에게 의심의 여지 없이 축복으로 여겨지던 시절이 있었다. 하지만 오늘날 많은 사람에게 장수는 축복인 동시에 고통이 될 수 있다.

현재 한국은 OECD 국가 중 노인 빈곤율 1위라는 불명예를 안고 있다. 극단적인 사례지만 자식에게 모든 걸 쏟아붓고 정작 자신의 노후 준비를 하지 못한 노인들은 생활비, 병원비를 감당하기 위해 폐지를 주우며 하루하루 힘겨운 노후를 보내고 있다.

사회 및 가족들과 단절된 고독과 소외감도 노년의 삶을 괴롭게 한다. 아무런 준비 없이 도달한 장수시대는 노인들을 비참한 삶으로 좌초시킬 뿐이다. 어쩌면 100세 시대는 우리가 즐겁게 맞이하는 것이 아닌 각오해야 하는 것인지도 모른다.

장수시대가 재앙이 된 가장 큰 원인에는 '부양'의 문제가 있다. 통계청에서 지난 10년간 고령자의 의식 변화를 추적 조사한 결과, 부양의 의무는 '가족이 져야 한다.'에서 '부모 스스로 감당하거나 사회가 함께 져야 한다.'라는 의식이 점점 강해지는 것으로 나타났다.

평생 맞벌이를 하며 부모와 자식을 부양한 은퇴자 부부가 있다고 치자. 그들은 은퇴 이후 여유로운 삶을 즐기기는커녕 부모 부양의 책임을 진다. 만약 부모가 100세 넘게 장수하거나 오랫동안 병을 앓게 된다면 상황은 더욱 심각해진다.

70~80이 되도록 부모를 부양하는 동안 노후자금은 서서히 바닥이 날 것이고, 생활비며 병원비를 대기 위해 쉴 틈 없이 일해야 할 것이다. 그 자신도 부양을 받아야 할 나이에 부모의 부양 의무를 온전히 져야 한다면 너무 가혹한 일이다.

건강보험공단의 조사에 의하면 이런 '노노(老老)부양' 가구는 2016년 현재 17만9,893세대에 이른다고 한다. 장수가 축복이 되기 위해선 촘촘히 짜인 사회 안전망이 절실한 상황이다.

병든 어머니를 모시며 직장에 다니는 평범한 일상

일본은 1970년대부터 노인인구 비율이 본격적으로 높아졌다. 1990년대에 이르렀을 때 그동안 곪았던 상처가 터지듯 노인부양으로 인한 문제가 한꺼번에 불거졌다.

- 홀로 병을 앓던 노인의 자살
- 중풍 아버지를 길에 버린 아들
- 치매 어머니를 폭행한 자식
- 80대 부부의 동반자살

노인부양으로 인해 가정이 파탄 나고 사회가 시끄러워졌다. 결국 일본은 이런 현상을 국가적 위기로 판단하고 해결책을 찾기 시작했다.

치매 가족을 돌보다 극단적인 선택을 하는 일이 이제 한국 사회에서도 드문 뉴스가 아니다. 몇 년 전 70대 남편이 아내를 살해하고 자살하려고 했던 사건이 기억난다.

뇌출혈 수술을 한 아내는 전신마비와 치매 증상을 보였고, 남편은 1년 넘게 아내를 수발하다 회복의 희망이 보이지 않는 것에 좌절해 아내를 살해했다. 그리고 본인도 자살을 시도했다.

"자식들에게 짐이 되고 싶지 않았다."

이것이 그가 경찰에서 한 진술이다. 이유야 어떻든 소중한 생명을 빼앗은 행위는 절대로 용납될 수 없다. 다만 체력적, 정신적, 경제적으로 한계에 내몰려 극단적인 선택을 하게 된 상황이 안타깝기 그지없다.

2000년도 초, 병든 부모님을 모시고 사는 일본인의 이야기를 방송에서 본 적이 있다.

일본인 A씨는 50대 초반의 싱글남이었다. 그는 아내와 이혼 후 홀로 어머니를 모시고 살았다. 그의 80대 어머니는 당뇨와 고혈압을 동시에 앓았다. 온종일 돌봄이 있어야 하는 것은 아니었지만, 식사와 거동을 하는 데는 다른 이의 도움이 필요했다.

A씨가 출근하면 홈헬퍼가 들러 어머니의 식사와 필요한 것을 챙겼다. 방문간호사도 매일 들러 어머니의 병세를 살피고 약을 처방했다. 홈헬퍼와 방문간호사의 도움으로 A씨는 큰 어려움 없이 직장생활을 할 수 있었다.

일본은 2000년부터 국가와 지방자치단체가 노인 간병 비용의 90%

를 지급하기 때문에 개인의 부담이 적다.

"가족에게만 부양의 부담을 지워선 안 된다."

이런 모토 하에 1990년대 중반부터 노인부양은 가정과 사회가 함께 감당해야 할 문제라는 공감대가 형성되었다.

그래서 일본은 국민들에게 보험료를 거둬서 수발서비스가 필요한 노인들의 시설 입소나 방문서비스를 지원하는 '개호(介護, 노인 돌봄)보험'을 선택했고, 2000년 4월부터 시행했다. A씨가 병든 어머니를 모시면서도 평범한 직장인으로 살 수 있었던 것도 이 개호보험 덕분이었다.

반면 '병든 부모부양'이라는 같은 조건을 가진 한국인 L씨가 처한 환경은 A씨와 180도 달랐다. 나는 L씨의 이야기를 비슷한 시기 신문기사를 통해 접했다.

당시는 아직 '노인장기요양보험'도 시행되지 않은 때였고, L씨의 어머니는 치매를 앓고 계셨다. 50대 중반의 L씨 부부는 지방에서 작은 가게를 운영했는데, 장사가 잘 되지 않아 부부가 모든 일을 분담했다. 갑자기 어머니의 병세가 악화되자 L씨의 아내는 집에서 온종일 어머니를 돌보았다.

매일 똑같은 하루를 6년이나 보내던 어느 날 아내는 이런 말만 남기고 집을 떠났다.

"지옥 같은 삶을 더 이상 못 견디겠다."

그 뒤 L씨는 가게 문을 닫고 홀로 어머니를 돌보았다. 요양병원에 어머니를 맡기고 싶어도 여유가 없었다. 한 달에 최소 50만 원은 필요한데 그에게 남은 것은 빚뿐이었다.

L씨의 사례처럼 한국에서도 노인부양 문제가 심각한 사회문제로 떠올랐다. 그리하여 마침내 2008년, 한국에서도 '노인장기요양보험'이 시행되었다. 이는 고령, 노인성 질병으로 인해 혼자서 일상생활을 하기 어려운 노인들의 요양시설 입소와 방문 서비스를 제공하는 사회보험 제도이다.

2016년 현재 한국의 노인장기요양보험 수급자는 46만 7,000여 명으로 전체 노인인구의 7% 정도다. 반면 일본의 개호보험 수급자는 전체 노인인구의 18%로 600만 명이 넘는다. 본인 부담률의 경우 한국은 15~20%이며 일본은 10%이다.

"요양등급이 나오지 않으면 어쩌죠?"

치매 어머니를 모시고 있는 30대 주부입니다. 요즘 어머니가 잘 계시다 갑자기 집을 나가는 일이 반복되고 있어요. 캐나다에 이민 간 시누이를 보러 간다고 하시면서요. 한번은 밤중에 밖에 돌아다니시는 걸 남편 친구가 보고 연락을 해주셨어요. 저는 육아휴직이 끝나서 직장으로 복귀할 예정이고 아버님도 병원에 입원 중이시라 어머니를 돌봐줄 사람이 절실히 필요합니다. 아버님은 병원에 가면 비용이 엄청 나올 텐데 감당할 수 있겠냐며 걱정하세요. 제가 알아본 바로는 치매 요양등급을 받으면 요양원에 입원할 수 있다고 합니다.
그런데 평소 치매를 앓던 분들도 등급을 받으려고 의사를 마주하면 갑자기 정신이 돌아오는 경우가 많다고 하시더라고요. 요양등급이 나오지 않으면 어쩌죠? 저희 집은 사정이 어려워서 지원을 꼭 받아야 하는 상황입니다. 요즘 이런저런 걱정 때문에 불면증이 다 생겼습니다. 부모님을 요양기관에 모신 분들의 조언을 부탁드립니다.

최근 한 인터넷 커뮤니티에 올라온 사연이다. 이 사연에는 요양원과 요양병원의 차이, 한 달에 들어가는 금액, 요양등급을 받는 요령, 진심 어린 위로와 격려 등 엄청난 댓글이 달렸다. "남의 일 같지 않다."라는 댓글이 가장 많았다.

나를 가르쳐주신 일본인 교수님의 어머니도 치매로 시설에 오래 계셨다. 문제는 혼자 남은 90세를 넘기신 아버지였다. 그분은 슈퍼노인에 가까울 정도로 건강하셨지만 교수님은 걱정이 많았다. 4시간 이상 떨어진 거리에 살아서 자주 찾아뵙기도 어려웠기 때문이다. 교수님이 생각한 방법은 도시락 배달 서비스였다.

식사를 해결하는 것도 중요했으나 만약을 대비하자는 마음이 더 컸다. 만약 아버지가 갑자기 몸에 이상이 와서 거동하지 못 하는 일이 생길 경우 현관문을 열어주지 못할 것이고, 그러면 아들인 자신에게 연락이 올 것이다. 하루 세끼 도시락을 배달시키니 문제가 발생해도 하루를 넘기지 않을 것이란 계산이었다.

아내와 평온한 황혼을 맞이할 줄 알았던 70대 남자의 이야기도 소개하고 싶다.

어느 날 그의 아내에게 치매가 찾아왔다. 아내는 하루가 다르게 변해갔다. 사랑하는 가족을 알아보지 못하고, 대소변도 가리지 못했다. 평생 험한 말은 입에도 담지 못했던 사람이 남편을 향해 "이 새끼야!"라고 하는 등 욕을 퍼붓기 시작했다.

남편은 변해가는 아내의 모습을 무기력하게 바라볼 수밖에 없었다. 그는 한 번도 치매의 비극이 자신을 덮치리라고 상상하지 못했다. 극심한 스트레스에 시달리던 남편은 결국 아내 부양을 포기하는 상황에까지 이르고 말았다.

고령화 사회의 그늘인 치매의 파괴력은 상상 이상으로 크다. 환자 자신을 망가뜨릴 뿐 아니라 부양 갈등으로 인해 가족이 원수가 되기도 한다. 극단적인 경우 치매 환자 살해나 동반 자살로 이어지기도 한다. 부양 스트레스로 치매 환자를 학대하거나 증오하는 경우도 있다. "긴 병에 효자 없다."라는 말이 결코 빈말이 아닌 것 같다.

　보건복지부에 따르면 2017년 현재 65세 노인인구 중 치매환자는 72만 명이 넘는다. 그리고 7년 후면 100만 명을 넘어설 것이라는 전망이다. 이에 따른 개인이나 국가의 관리 비용도 엄청나다. 2015년 13조 원이던 비용은 2030년에는 국방비를 추월하고, 2050년에는 106조 원으로 불어날 것이라고 한다.
　치매는 남의 일이 아니다. 통계에 의하면 85세 이상 노인의 30%, 90세는 60%, 100세 이상이면 90%가 치매에 걸릴 확률이 높다고 한다. 또 치매 환자는 여성이 71.3%, 남성이 28.7%로 여성의 비율이 훨씬 높다. 폐경기 이후 뇌세포를 보호하는 에스트로젠(여성 호르몬)의 감소가 이유가 된다는 것이 학계의 정설이다.
　치매와 관련하여 일본에서는 75세 이상 자가용 운전자들의 운전면허증 자주반납이 1998년부터 시행되고 있으며, 운전면허를 갱신할 때는 의무적으로 치매 검사를 받아야 한다. 액셀과 브레이크를 잘못 밟아 큰 사고로 이어지는 등 고령자의 운전사고가 빈번해졌기 때문이다. 노인인구가 늘어날수록 이런 부분들에 대해 사회와 개인이 경각심을 가져야 할 것이다.
　치매학회에 따르면 치매는 퇴행성 뇌질환인 알츠하이머병에 의한 것이 가장 많으며 기억력 감퇴 등 경증 인지장애로 시작되는 게 일반적이라고 한다.

　치매의 특징은 최근 일은 기억을 못하지만 과거의 일은 명료하게 기억하는 것이다. 그래서 방금 밥을 먹고도 돌아서면 왜 밥을 주지 않느냐고 묻는다. 또 우울감, 신경질이 심해지거나 의처증, 의부증 같은 부정망상(不貞妄想)을 갖는 것도 전형적인 치매 증상이다.

　의사들은 치매가 중증으로 발전하고서야 병원을 찾는 경우가 많다고 말한다. 자주 깜빡깜빡하게 된 것은 나이가 들어서고, 예전보다 신경질이 늘어난 것은 나이가 들면 어린아이가 되기 때문이라는 생각으로 치매를 오래 방치하는 것이다.

　국내 치매 환자 100명 중 16명은 글을 읽거나 쓰지 못해 치매에 걸린 것으로 추정된다는 연구결과가 있다. 글을 읽지 못하면 인지능력이 약해져 치매에 걸릴 위험성이 높다는 것은 이미 잘 알려진 사실이다.

　또 항상 같은 사람을 만나서 같은 화제를 주고받는 단조로운 행위의 반복도 치매의 위험을 높인다고 한다. 역시 변화와 자극이 중요하다는 생각이 든다. 치매를 예방하기 위해 새로운 것에 도전할 필요가 있다.

　전문가들은 치매 예방에 외국어 공부가 좋다고 말한다. 그래서일까? 일본에서는 노인들이 소그룹을 이뤄 외국어를 배우는 사례가 많다. 뇌를 활성화하고 치매를 예방하기 위해서다.

얼마 전 지하철에서 안경 너머로 노트를 열심히 바라보던 노년의 여성을 보았는데, 노트엔 영어 단어가 빼곡하게 적혀 있었다. 이렇게 지적인 자극을 주는 것은 치매를 예방하는 데에도 좋지만 '나는 할 수 있다.'라는 자신감도 얻게 한다. 이 외에도 사교활동, 취미생활, 문화와 예술을 즐기기 등과 같은 모든 활동이 치매 없이 건강한 노후를 보낼 수 있도록 도와준다.

만약 치매에 걸릴까 봐 불안하다면 미리 검진을 받아보는 것도 방법이 될 수 있다. 요즘은 만 60세 이상부터는 지역 보건소에서 무료로 치매 조기 검진을 받을 수 있다. 중앙치매센터 홈페이지나 '치매체크앱'을 통해 치매 자가 테스트를 할 수도 있다.

올해 출범한 문재인 정부가 '보건·의료 정책 1호'로 추진하는 과제가 '치매국가책임제'이다. 그간 가족이 감당했던 육체적, 정신적, 경제적 부담을 국가가 함께 지겠다는 것이 정책 추진의 배경이라고 한다.

"치매, 이제 국가가 책임지겠습니다."

대통령의 이 말은 치매 공포에 떨던 국민들에게 큰 위안을 주었다. 그러나 한편으론 조금 걱정스럽다. 단기간에 많은 돈을 필요로 하는 정책이라 국가재정 악화, 보험료 인상 등이 풀어야 할 숙제로 남아 있기 때문이다.

모쪼록 이 정책이 순탄히 시행되어 홀로 어머니를 돌보던 L씨 같은 분들이 더는 생기지 않기 바란다. 또 인터넷에 글을 올려 조언을 구한 30대 주부처럼 요양등급이 나오지 않을까 염려하는 일도 없길 바란다. 이 정책이 성공적으로 도입된다면 일본인 A씨처럼 한국에서도 병든 어머니를 모시며 직장에 다니는 평범한 일상이 가능해지지 않을까?

내 유품 정리를 부탁합니다

무연사회, 그 쓸쓸함에 대해

2010년, 도쿄의 최고령 남성이었던 111세의 가토 소겐(加藤宗現)이 자택에서 백골 상태로 발견되면서 일본 사회가 발칵 뒤집혔다.

이 사건은 가토 소겐과의 만남을 계속 거부하는 가족들을 수상히 여긴 담당 공무원이 경찰에 수사를 요청함으로써 세상에 알려지게 되었다. 자택을 압수 수색한 경찰은 이미 30년 전에 죽은 채로 이불에 덮여있는 그의 시신을 발견했다. 가족들이 연금을 타기 위해 그가 살아 있는 척했던 것이다.

이 사건을 계기로 일본 지방자치단체들은 100세 이상 노인들의 안부를 확인하기 시작했다. 그 결과 생사불명 노인이 300명에 이르렀고, 가토 소겐처럼 백골 상태로 방치된 노인, 자식에 의해 살해된 노인도 있었다. 세계 최장수 국가 일본의 어두운 단면을 그대로 보여주는 사건이었다.

가토 소겐의 생사를 궁금히 여긴 공무원이 없었더라면 이 사건은 세상에 알려지지 않았을지도 모른다. 한 사람이 백골 상태로 30년간 방치될 때까지 그를 궁금해 한 가족, 친구, 이웃이 단 한 사람도 없었다는 사실이 충격적이다.

이렇게 주변 사람들과의 연대가 파괴되고 누구와도 인연을 맺지 않는 사회를 일본에서는 '무연사회(無緣社會)'라고 한다. 이는 일본의 공영방송인 NHK가 방영한 동명의 다큐멘터리로 유명해진 말로, 사람과 사람의 교류가 사라진 현 일본 사회의 모습을 묘사할 때 주로 사용된다.

그래서 일본에는 우편함에 우편물, 신문 등이 오래 쌓여 있거나 가스, 전기, 수도 등을 오랫동안 사용하지 않을 경우는 집주인이 혹시 사망하지 않았는가를 확인하는 '고독사 예방센터'도 있다.

일본은 오래전부터 저출산·고령화로 인한 1인 가구의 확대를 겪어 왔다. 그리고 이것은 다시 무연사회, 고독사라는 문제로 이어지고 있다. 고독사하는 사람들은 대부분 인간관계가 단절된 사람들이다. 그래서 그들의 시신을 거두어줄 가족이나 친구도 나타나지 않는다.

그러다 보니 홀로 죽음을 맞은 사람들의 시신을 대신 수습하고 반려동물, 생활잡화, 의류, 가구, 가전제품 등을 처분하는 '유품정리인'

이란 직업이 생겼을 정도다. 2000년 처음 유품정리업체가 생겨났고, 현재 수백 곳에 이른다고 한다.

한국에도 유품정리업체가 서서히 생겨나고 있다. 1인 가구의 증가와 인간관계 단절 심화로 유품정리인은 점점 더 늘어날 것이다. 어쩌면 우리는 마지막 순간이 임박해 오면 유품정리업체에 전화를 걸어 미리 비용을 지급하고 이렇게 말해야 할지도 모른다.

"내 유품 정리를 부탁합니다."

그런 끔찍하고 고독한 미래가 제발 우리 모두에게 오지 않기를 바란다.

한국도 이제 1인 가구가 대세가 되어가고 있다. 1인 가구가 증가하는 가장 큰 원인은 급속한 저출산과 고령화에 있다.

통계청이 발표한 '2015년 인구 주택 총조사'에 의하면 1인 가구는 520만3,000가구로 집계됐다. 5년 전보다 98만5,000가구나 증가한 수치이고, 1인 가구는 전체 1,911만1,000가구 가운데 1위인 27.2%를 차지했다. 또 1인 가구 중 65세 이상 노인 가구 비율이 2035년에는 45%로 증가할 것으로 전망된다. 즉 1인 가구의 절반에 가까운 숫자가 노인 가구가 될 것이란 의미다.

그렇다면 1인 가구 노인들을 가장 힘들게 하는 것은 무엇일까? 통계에 따르면 가장 힘든 것은 '경제적인 어려움'이며 다음이 '외로움'

이라고 한다.

당장 먹고살 것을 걱정한다면 건강관리나 취미생활은 그림의 떡이다. 또 곁에 말 붙일 사람이 없다면 하루하루를 살아가는 게 무료하고 고통스러울 것이다. 신문이나 방송에서 본 재미있는 내용, 사소한 고민 등을 나누고, 아플 때 위로받을 수 없다는 것은 1인 가구 노인들의 가슴을 더욱 시리게 한다.

앞에서도 언급했지만 한국의 노인 자살률은 11년째 OECD 국가 중 1위를 기록하고 있다. 한국의 노인들은 가정과 사회에서 환영받지 못하고 상실감과 소외감에 사로잡혀 불안한 하루하루를 보내고 있다. 이렇게 노후가 불안한 사회는 결코 건강한 사회라고 말할 수 없다.

고독력을 키우자

서구 사회에서는 노후에 혼자 사는 문제를 우리보다 먼저 고민하고 경험했다. 영국의 경제전문지 《이코노미스트(The Economist)》의 조사에 의하면 스웨덴의 전국 평균 1인 가구 비율은 47%이며 수도 스톡홀름은 무려 60%나 된다고 한다.

그렇다면 그곳은 외롭고 고독한 사람들의 나라일까? 전혀 그렇지 않다. 스웨덴은 세계에서 가장 살기 좋은 나라 중 하나로 알려져 있다. 혼자서도 잘 살 수 있는 사회적인 인프라가 갖추어져 있기 때문이다.

2013년에 서울시가 65세 이상을 대상으로 '노후에 혼자가 되었을 때의 바라는 주거 형태'에 대해 조사를 진행했다. 결과에 의하면 '자녀와 가까운 곳의 독립 공간에서 살고 싶다.'라는 대답이 50%, '노인 전용 공간에서 살고 싶다.'라는 대답이 30%였다.

조사대상의 80%가 자녀와 따로 살기를 희망했다는 점이 흥미롭다. 그 이유로는 서로 떨어져 지낸 기간이 긴 만큼 가치관의 차이가 있어서 함께 살면 갈등이 생길 것에 대한 걱정이 가장 많았다.

그러나 역시 혼자 사는 삶은 외로움과 고독을 동반한다. 이것을 어떻게 해소할 수 있을까? 두말할 필요 없이 친구를 사귀고 취미생활을 해야 한다. 또 가족, 이웃 등과 잘 지내도록 노력해야 한다. 그리고 '고독력'을 키워야 한다.

고독감과 고독력에는 차이가 있다. 고독은 영어로 'Loneliness'이다. 이 고독은 외롭고 쓸쓸한 상태를 말한다. 반면 고독력은 영어로 'Solitude'에 해당하고 홀로 있지만 긍정적이고 건설적인 상태를 말한다. 즉 고독력의 고독은 능동적이고 자주적인 고독이다. 외로움을 견디고 홀로 설 수 있는 힘이다.

어떻게 하면 이 고독감을 고독력으로 승화시킬 수 있을까?

일단 혼자 있는 시간을 즐기는 연습부터 시작하는 게 좋다. 심리학자 칼 융, 철학자 쇼펜하우어와 스피노자, 작가 카프카, 음악가 베토벤 등은 모두 고독감을 고독력으로 승화시켜 위대한 성취를 이루어낸 인물들이다. 특히 베토벤은 음악가에게 꼭 필요한 청력을 상실하고도 위대한 음악을 만들어내 세대를 초월한 감동을 안겨주었다.

물론 이렇게 위대한 사람이 되자는 뜻은 아니다. 혼자 있는 시간은 진정한 나를 발견하고, 인생의 새로운 가치를 발견할 좋은 기회임을 자각하는 것으로 충분하다. 혼자 밥 먹고, 혼자 놀고, 혼자 사는 일도 막상 해보면 그리 어렵지 않다. 오히려 이런 자주적 고독의 상태가 당신을 더욱 강하고 창조적인 사람으로 만들어 준다.

또한 홀로 설 수 있는 힘을 가지려면 무엇보다 건강해야 한다. 항상 건강관리에 신경 쓰자. 그리고 자녀의 독립, 배우자와 이혼 혹은 사별에 대비해 혼자서도 잘 지낼 수 있는 방법을 찾아야 한다. 취미 생활, 봉사활동 등도 고독력을 키우는 방법이 될 수 있다.

고독도 '셰어'하면 반으로 줄어든다

고독력을 키우라는 말은 꿋꿋하게 혼자 살라는 것이 아니다. 고독 앞에 당당히 서고, 할 수 있는 방식으로 주변 사람들과 연대하라는 의미다. 노년에 자식과 함께 살지 않으면서도 고독감 없는 삶을 살려면 주거 형태를 바꾸는 것도 하나의 대안이 될 수 있다.

일본에서는 고령자를 대상으로 한 셰어하우스(share house)가 증가하고 있다. 셰어하우스란 거주 공간을 공유해서 함께 공동생활을 하는 생활방식이다. 셰어하우스는 다양한 형태가 있지만 오래된 민가를 개·보수해서 여러 명이 모여 살면서 부엌과 거실을 공유하는 것이 일반적이다. 식사 준비나 청소를 거주자들이 분담함으로써 자연스럽게 대화를 하고 교류가 이루어진다.

요양시설보다 집세가 싼 것이 큰 매력이다. 간호사나 간병인은 없지만 갑자기 몸에 이상이 생기면 주변에 도움을 청할 수 있다는 것도 장점이다. 식사 시간이 되었는데 누군가 나오지 않는다면 문을 두드려 안부를 확인해볼 수 있다.

일본에서 이런 형태의 셰어하우스가 가능한 것은 저출산과 고령화로 인해 빈집이 늘어났기 때문이다. 일본은 이미 주택 7가구 중 1가구가 비어 있는 빈집대란에 직면해 있다. 특히 농어촌 지역의 '마을 소멸'이 심각한 사회문제가 되고 있다. 그래서 총무성은 빈집을 저소득층에게 빌려주거나 셰어하우스를 만들어 노인, 청년, 저소득층에게 저렴하게 제공한다.

한국도 일본만큼은 아니지만 빈집이 늘어나는 추세다. 전국의 빈집 숫자는 2010년 79만 채에서 2015년 100만 채로 급증했다. 2050

년에는 빈집 비율이 전체의 10%에 이를 것이라는 조심스러운 전망도 나오고 있다.

서울시는 2015년부터 '빈집 살리기 프로젝트'를 진행 중이다. 다세대 노후주택을 리모델링해 셰어하우스 형태로 청년층에게 제공한다. 반가운 일이 아닐 수 없다. 이것을 시작으로 그 대상이 점차 확대되길 바란다.

이 외에도 코하우징(Co-Housing)이 있다. 코하우징은 'Cooperative Housing'의 약자로 1970년대 북유럽을 중심으로 형성된 대안적 주거방식이다. 소규모 세대들이 모여 이웃, 공동체와 함께 생활하는 것이다.

코하우징은 1인 가구 시대의 대안 주택일 뿐 아니라 고령화 사회에 필요한 주택으로 주목받고 있다. 특히 신체 기능이 점점 떨어지고 사회적 유대가 필요한 노년층에게 유용하다. 한국에서는 2011년 처음 코하우징이 등장했다.

이밖에 한 지붕 아래 젊은 층부터 노년층까지 다양한 세대의 타인들이 모여 가족처럼 지내는 콜렉티브 하우스(Collective House)도 있다. 일본에서는 콜렉티브 하우스가 새로운 삶의 방식으로 큰 주목을 받고 있다. 다양한 세대가 함께 생활함으로써 젊은이들은 노인의 지혜를 배우고, 노인들은 젊은이들로부터 활력을 얻을 수 있다는 메리트가 있다.

한국에는 젊은이들을 위한 셰어하우스는 있지만 독신 고령자를 위한 셰어하우스, 코하우징은 아직 없는 것 같다. 그래서 고령자를 위한 새로운 주거 공간 하면 보통 '실버타운'을 떠올린다. 실버타운의 경우 의료적인 처치가 필요하지 않은 건강한 고령자가 입주하는 주거 시설이며, 어느 정도의 경제력도 뒷받침되어야 한다.

일본에서는 노부부만 살거나 배우자와 사별한 후 혼자가 되면 만남, 쇼핑, 의료, 취미까지 가까운 거리에서 해결할 수 있는 도시의 소형 아파트로 이사하는 경우가 많다. 그러나 한국의 고령자들은 아직도 대형 아파트를 선호하는 편이다.

나는 주거 형태를 도시의 소형 아파트나 주택으로 바꾸는 것이 노년의 고독을 줄일 수 있는 현실적인 대안이 될 수 있다고 생각한다. 그리 멀지 않은 거리에 가족, 친구들이 살아서 종종 만날 수 있다면 더없이 좋을 것이다.

그리고 가능하면 이웃과 서로 안부를 물으며 지내자. 고립된 섬처럼 외롭게 사는 것보다는 안전한 관계망 속에서 안정된 삶을 누리는 것이 훨씬 좋다. 그러기 위해서는 먼저 다가서서 인사하는 노력이 필요하다.

한국 농어촌에는 아직 공동체 문화가 남아 있어 노년의 고독이 덜한 편이다. 그런데 이야기를 들어보면 여성들에게만 해당하는 이야기 같기도 하다. 지인의 형님이 은퇴 후 귀촌했는데 자주 전화를 걸어 신세 한탄을 하신다고 한다. 주로 이런 이야기들이다.

"마을회관에 가도 여자들만 있어서 영 어울리기가 거북해."

"텔레비전을 보는 것 외에는 딱히 할 일이 없다. 이곳 생활이 외롭다."

친구는 그때마다 특별히 해드릴 말이 없어서 그저 듣고 있을 뿐이라고 한다.

나는 지인의 형님이 처한 상황이 눈앞에 그려졌다. 경로당, 마을회관, 문화센터에 가면 '할머니들'은 몇 시간 만에 친해져서 삼삼오오 모여 대화의 장을 연다. 적극적으로 상대에게 말을 걸고 대화에 능동적으로 참여한다.

그러나 '할아버지들'은 꾸어다 놓은 보릿자루처럼 구석에 앉아 좀처럼 다른 이들과 어울리지 못한다. 장소를 병원이나 요양원으로 옮겨도 같은 풍경이다.

많은 노인들이 암보다 고독이 더 무섭다고 말한다. 그러면서도 여전히 스스로를 고독의 늪에 빠뜨리는 행동을 하고 외롭고 쓸쓸한 노년을 보낸다. 남성들이 고독한 삶을 보내게 될 확률이 훨씬 큰 만큼 경각심을 가져야 할 일이다.

노인이 되면 적극적인 자세를 갖는 편이 좋다. 복지관이나 문화센터에서 사람들을 만나면 굳은 얼굴로 누군가 말을 걸어오기를 기다리는 대신 먼저 다가가 말을 걸고, 젊은 사람들을 만나면 체면 구긴 다 생각하지 말고 밝은 표정으로 가벼운 농담이라도 던지자.

그리고 아내가 식사를 차려주면 가만히 받아먹지만 말고 칭찬을 해주자.

"정말 맛있다. 당신 요리 솜씨는 최고야!"

나이가 들수록 매사에 밝고 긍정적인 태도를 유지하는 것이 중요하다. 그렇게 산다면 당신의 주거 형태가 어떻든 상관없이 따뜻한 공동체 안에서 고독감 없는 노후를 보내게 될 것이다.

자연스러운 죽음을 맞이할 권리

죽음의 질을 생각하다

30년 전쯤, 형제를 대표해서 친척 어른의 장례에 참석했다. 어르신은 지병 없이 건강하게 살다 몇 달을 앓으셨고, 가족들이 지켜보는 가운데 편안히 눈을 감으셨다. 많은 사람들이 집에서 죽음을 맞이하던 시절이다.

나는 일가친척들과 술잔을 기울이며 상주 곁을 지켰다. 병풍 뒤에 고인이 누워 있었지만 누구도 이상하게 여기지 않았다. 개구쟁이 아이가 병풍 뒤에 몰래 기어들어 갔다가 이미 세상을 떠난 이를 보더라도 놀라거나 울지 않았다. 장례는 일종의 마을 축제였고, 어린아이들도 자연스럽게 죽음을 배웠다. 그러나 서글프게도 이제 재택임종은 우리에게 낯선 풍경이 되고 말았다.

지금까지 살아오면서 많은 죽음을 보았다. 그런데 요즘은 집에서 임종을 맞이했다는 사람을 거의 보지 못했다. 아니, 아예 보지 못했다고 하는 것이 맞겠다. 대부분의 사람이 병원에서 죽고 컨베이어 벨트를 탄 듯 자동으로 장례식장으로 옮겨진다.

생과 사가 교차하는 순간, 침대 위 환자는 차가운 기계와 의료진에 둘러싸여 생명연장 조치를 받는다. 가족들은 병실 밖에서 대기하다 의사의 사망선고를 듣고서야 아직은 온기가 남아 있는 고인의 손을 잡을 수 있다.

차라리 그 시간에 가족들과 함께하며 마지막 인사를 나눌 수 있었더라면 얼마나 좋았을까? 말은 하지 못하더라도 눈빛과 온기로 전할 수 있는 메시지도 있을 터이다.

웰다잉의 선두 국가이자 '죽음의 질'이 가장 좋다는 평가를 받는 영국은 2008년 병원 사망률이 60%에 가까웠으나 2011년 50%대로 떨어졌다. 그런데 한국은 반대로 가고 있다. 병원 사망률은 꾸준히 상승해서 2015년 현재, 국내 사망자의 75%가 병원에서 숨을 기두었다. 암 환자의 경우 90.6%가 병원에서 숨졌다.

'죽음의 질 지수'란 죽음을 앞둔 환자의 통증과 가족의 심리적 고통을 덜어줄 수 있는 의료시스템을 비교, 평가하는 지표다. 죽음을 앞두고 방문할 수 있는 병원의 수, 병원 의료진의 숫자와 수준, 의료 서비스의 혜택과 수준, 죽기 직전까지 지급해야 하는 의료비용 등의 항목을 국가별로 평가한 결과, 영국이 100점 만점에 93.9점을 받아 1위(2015년 기준)를 차지했다. 한국은 18위를 차지했으며 이는 의료수준 항목에서 높은 평가를 받았기 때문이다.

병원임종은 '현대판 객사'라 불린다. 많은 노인들이 마지막 순간은 병원이 아닌 집에서 가족들과 보내길 원한다. 그러나 자녀들은 암 수술을 받거나 노환으로 병원에 누워 있는 부모를 선뜻 집에 모셔가지 못한다. 집으로 갔다가 무슨 문제라도 생길까 두렵기 때문이다.

부모들의 속내도 복잡하다.

"집에서 자연스럽게 임종을 맞이하고 싶어. 그래도 위독한 상황이 되면 다시 병원으로 옮겨질 텐데 뭐 하러 애들 두 번 고생시켜. 그냥 병원에서 죽는 게 나아. 그리고 요즘 세상은 집에서 죽었다고 하면 이상하게 생각해. 자식들을 불효자로 본다고."

과거와는 달리 재택임종이 이렇게 어려워진 이유는 무엇일까?

첫째, 재택임종의 여건이 제대로 마련되어 있지 않기 때문이다.

일본의 경우 위급 상황이 닥쳤을 때 가족들이 불안해하지 않도록 대처 방안을 알려주고, 환자의 마지막 순간을 지켜주는 왕진 의사가 있기 때문에 재택임종을 하는 것이 그리 어렵지 않다. 그러나 한국은 아직 제도적 여건이 갖추어지지 못했다.

둘째, '검시제도' 때문이다.

환자가 퇴원 후 48시간 이내에 집에서 숨지면 담당 의사를 거치지 않고도 병사진단서가 나오지만, 48시간이 지나서 숨지면 의사가 검시를 해야만 병사진단서가 나온다. 그래서 재택 사망자는 검시를 받기 위해 다시 병원 응급실로 옮겨져야 한다. 이 역시 재택임종을 번거롭게 하는 걸림돌이므로 제도적인 보완이 필요한 부분이다.

이제 품위 있는 죽음, 좋은 죽음에 대해 생각해볼 때인 듯하다. 수백 명의 말기 암 환자의 임종을 지켜본 일본의 한 의사는 죽음이 임박한 환자들이 집으로 돌아오기만 해도 통증이 줄고 기분이 나아지며 차분히 삶을 정리하게 된다고 증언했다. 그리고 가족들도 그 시간 동안 사랑하는 이의 죽음을 받아들일 기회를 얻는다.

품위 있는 죽음, 좋은 죽음이란 '내가 원하는 장소 혹은 익숙한 환경에서 사랑하는 이들이 지켜보는 가운데 고통 없이 죽는 것'이 아닐까? '고종명(考終命)'은 유교에서 이르는 다섯 가지 복(장수, 재물, 평강, 덕을 세우는 것, 천수를 누리는 것) 중 하나로, 제 명대로 살다가 편안히 죽는 것을 말한다.

친구 녀석 중 하나가 이런 말을 한 적이 있다.

"마누라 무릎을 베고 낮잠을 자듯 편안하게 가고 싶다."

그때 나는 웃으며 대꾸했다.

"그러려면 집사람한테 더 잘해라."

그런 임종도 아름답겠다는 생각이 들었다. 사랑하는 사람 곁에서 삶을 마무리할 수 있다면 그것만큼 행복한 마무리도 없을 것이다. 내게도 그런 고종명의 복이 있는지 모르겠다.

품위 있는 죽음

2017년 8월 4일, '연명의료결정법', 일명 '웰다잉법'이 시행되었다. 죽음을 앞둔 환자가 의미 없는 연명치료로 고통 받지 않고 스스로 존엄한 죽음을 결정하게 된 것이다. 이 법령은 인간의 존엄성과 가치를 보호한다는 목적에서 마련되었다.

이에 따라 환자는 인공호흡기, 심폐소생, 혈액투석, 항암제 투여의 4가지 연명의료행위를 거부할 수 있다. 연명의료행위를 거부한 환자는 죽음 직전까지 통증을 완화하는 최소한의 의료행위만을 제공받는다.

법 시행 관련 뉴스를 본 날 저녁 아내와 연명치료에 대한 대화를 나눴다. 나는 평소에도 연명치료를 절대 하고 싶지 않다고 말해왔었고, 그날도 다시 한번 쐐기를 박았다.

하지만 본인의 의지와 가족의 입장은 다를 수 있다. 환자가 살아 있을 때 연명치료에 대한 의사를 분명히 밝히지 않은 경우 더욱 그렇다. 비록 무의미하다고 할지라도 누가 나서서 연명치료를 중단하겠다고 말할 수 있겠는가. 부모님이 생전에 그것을 원하셨다고 말한다 해도 '돈이 아까워서 치료를 중단했다.', '빨리 죽기 바라서 중단했다.'라는 비난을 받게 될 가능성이 크다.

나의 형님도 암을 앓으셨고 수술 뒤 병원에서 가망이 없다는 선고를 받았다.

"아버님의 연명치료를 어떻게 하면 좋겠습니까?"

그 병원 의사였던 형님의 사위가 가족들의 의견을 물었다. 형님은 의식이 또렷할 때 연명치료를 하지 않겠다는 의사를 분명히 밝히셨다. 형수님은 남편의 뜻에 따라 연명치료를 하지 않겠다고 했지만 조카들은 주저하는 눈치였다.

결국 모두 모여 회의를 했고 형님의 뜻에 따르기로 결정했다. 형님은 얼마 후 가족들이 지켜보는 가운데 임종하셨다.

장례를 치르고 난 뒤 형수님이 말씀하셨다.

"남편의 육신을 여기에 붙들어 두는 것은 그저 산 사람들의 욕심일 뿐이라 생각했습니다. 그 사람을 더는 고통스럽게 하고 싶지 않았어요. 저는 남편의 뜻을 따른 것을 후회하지 않습니다."

내 형님의 경우 연명치료 여부에 대해 가족들이 의견을 충분히 나누고 결정을 내렸다. 덕분에 서로를 원망할 일을 만들지 않을 수 있었다. 나는 어디까지나 형수님과 조카들의 의견을 따를 생각이었다. 그리고 나와 같은 마음으로 형님을 평안히 보내드린 것에 대해 감사했다.

지난주 모임에서 있었던 일이다. 첫 화제는 새 정부의 치매국가책임제였다. 치매국가책임제에 대해서는 모두 환영하는 분위기였다. 이야기는 다시 연명치료로 이어졌다.

그때 회원 중 한 사람이 지인의 이야기를 꺼냈다.

한 은퇴자의 아내가 9년 동안이나 연명치료를 받았다. 남자는 희망이 없다는 의사의 말을 듣고도 연명치료를 결심했고, 살던 아파트를 팔아 병원비로 충당했다.

하지만 아내는 죽었고, 이후 남자는 어려운 생활을 하게 되었다. 주변 사람들은 그에게 왜 연명치료를 고집했느냐고 물었다. 그토록 오랫동안 연명치료를 하지만 않았어도 생활이 그 지경이 되지는 않았을 것이었기 때문이다. 남자는 그런 반응에 화를 냈다.

"죽을 때 죽더라도 끝까지 해봐야지. 아내를 한시라도 더 내 곁에 두고 싶었어. 내가 번 돈 사랑하는 아내에게 쓴 것에 후회는 없네."

이야기를 들은 회원들의 반응은 다양했다.

"연명치료를 받는다고 낫는 것도 아닌데 9년은 너무나도 긴 세월이었어."

"평생 번 돈을 아내의 병원비로 날리다니 안타까운 일이야. 그 돈을 자식들에게 주었더라면 살림에 보탬이 되었을 텐데……."

"아내를 사랑하는 마음은 잘 알겠지만 너무 이상을 좇았던 것은 아닐까?"

"지금은 냉정하게 말할 수 있지만 막상 그 일이 내 현실로 닥치면 연명치료를 거부하기가 어려울 거야."

우리는 연명치료는 개인의 가치관에 달린 문제이니 그것이 좋다 나쁘다를 판단할 수 없다고 결론지었다. 그런데 한 회원의 말에 대해서는 모두 약속이나 한 듯 고개를 끄덕였다.

"그 사람도 아내가 그렇게 오래 살 거라고 생각이나 했겠어?"

오늘도 전국의 많은 병원에서는 생명 연장 장치에 의지해 신음하고 있는 이들이 있다. 그리고 연명치료에 대해서는 여전히 의견이 엇갈린다.

"연명치료 포기는 손 놓고 죽음을 기다리는 것이다. 가족으로서의 의무를 다하지 않는 것이다."

"연명치료 포기는 한 존재가 품위 있는 죽음을 선택하는 것이다."

그러나 이제 회복 가능성이 없을 때 더 이상 방사선 치료와 항암 치료를 받지 않겠다는 결정을 내리는 것, 죽음에 다다랐을 때 심폐소생과 인공호흡기에 의지해 억지로 산 자가 되지 않겠다는 결정은 한 존재의 선택에 달려 있다.

내가 살아 있을 때, 또렷한 정신으로 내 연명치료에 대한 의사를 분명히 해두자. 개인의 연명치료 허용 및 거부 의사를 밝힐 수 있는 '사전연명의료의향서'가 2018년 2월부터 법적인 효력을 갖는다. 혹시 가족들 사이에 분란이 생길 것 같아 걱정이 된다면 작성해두는 것도 좋을 것이다.

이제 잘 사는 것 못지않게 잘 죽는 것도 중요한 시대가 되었다. 정부가 '치매국가책임제'를 시행하는 것처럼 '웰다잉책임제'를 실시하여 대한민국이 '죽음의 질' 세계 1위인 영국처럼 품위 있는 죽음, 좋은 죽음을 맞이할 수 있는 사회가 되었으면 한다.

생애 마지막 순간을 디자인하다

삶을 마무리하는 방식

최근 일본의 어느 사진관은 영정사진을 찍기 위해 오는 고객들을 겨냥해 영업 전략을 바꿨다. 화려한 기모노를 대여하고, 화장과 머리를 손질하는 직원도 고용했다. 이런 전략에 매출은 수직으로 상승했다.

"자, 여기 보세요. 찍습니다. 웃으세요."

꽃단장을 한 70대 여성이 카메라 앞에서 화사하게 미소 짓는다. 오랜만에 슈트를 차려 입은 남성도 어색하지만 밝게 웃는다.

그들이 찍는 것은 '영정사진'이다. 2010년 이후 일본에는 자신의 영정사진을 찍으려는 고령자들이 많이 늘어났다. 가족들이 장례식에 닥쳐 영정사진을 구하지 못해 애를 먹거나, 딱딱하게 굳은 얼굴을 한 사진 때문에 유족과 문상객들의 마음을 슬프게 하고 싶지 않다는 마음에서이다.

이렇게 일본에서는 2010년 무렵부터 '슈카츠(終活)', 즉 종활이 고령자들 사이에서 트렌드로 자리 잡았다. 종활은 영정사진 촬영, 엔딩노트 작성, 묘지 견학, 입관 체험, 장례절차 선택 등 자신의 죽음을 미리 준비하는 모든 '죽음 맞이 준비 활동'을 말한다.

이미 일본에선 관련 업종이 성황을 이루고 있다. 묘비에 새겨진 QR코드를 스캔하면 고인에 대한 정보와 고인이 가족에게 남긴 말 등을 볼 수 있는 서비스가 있을 정도다.

한국에서도 종활에 대한 관심이 커지고 있다. 일본처럼 관련 산업이 전문성을 갖진 않지만, 입관 체험, 유서 작성 등 죽음을 미리 직시하고 준비하려는 움직임이 커지고 있다.

100세 시대가 열렸다고 해도 인간이 100세까지, 그것도 건강하게 산다는 것은 쉬운 일이 아니다. 그런 점에서 존경스러운 사람이 있다. 바로 100세가 넘어서도 현역으로 활동한 일본인 의사 히노하라 시게아키(日野原重明)이다.

그의 저서 《100세 시대를 살아갈 비결(長寿の道しるべ)》을 보면 고혈압이나 당뇨병은 성인이 되어 걸리는 것이 아니라 폭음·폭식, 운동부족과 같은 나쁜 생활습관이 초래한 병이기 때문에 '생활 습관

병'이라 명명해야 한다는 내용이 나온다. 그는 성인병이라는 용어를 생활 습관병으로 고쳐야 한다고 제안했고, 놀랄만한 열의와 지속력으로 그 일을 20년 만에 해냈다. 또한 그는 말했다.

"인간은 자기 마음대로 태어날 수는 없지만 어떻게 죽을까는 어느 정도 선택할 수 있다."

그는 죽을 때 하느님 나라를 그리는 마음이 절절하게 묻어나는 프랑스 태생의 작곡가 가브리엘 포레의 '레퀴엠(requiem, 진혼곡)'을 들으면서 죽고 싶다고 했다. 인간이 죽을 때 청각이 가장 마지막까지 남아 있어 소리를 들을 수 있기 때문이다. 그리고 가족들이 지켜보는 가운데 집에서 평온한 죽음을 맞이하고 싶으니 불필요한 연명치료는 하지 말라고 당부했다.

이 책을 작업하는 동안 히노하라 시게아키가 105세로 생을 마감했다는 부음을 접했다. 그는 자택에서 둘째 아들 부부가 지켜보는 가운데 잠들 듯 숨을 거두었다고 일본 언론이 보도했다. 그가 바라던 대로 레퀴엠이 울려 퍼졌기를 바란다.

미국의 노마 바우어슈미트의 이야기도 소개하고 싶다. 그녀는 90세 나이에 자궁암 말기 선고를 받은 뒤 연명을 위한 항암치료 대신 미국 횡단 자동차 여행에 나섰다. 아들 내외와 반려동물과 함께 캠핑카를 타고 그랜드 캐니언 등 32개 주, 75개 도시, 2만1,000km를 여행했다. 젊을 때는 엄두도 내지 못한 열기구를 타고, 승마도 하는 등 짜릿한 경험을 즐겼다.

그녀가 SNS에 남긴 글이 전 세계인들에게 많은 감동을 주었다.

병실에서 생의 마지막을 맞는 대신 길로 나서길 잘했다고 생각합니다. 저는 여행을 통해서 삶과 배려와 사랑 그리고 지금 이 순간의 중요성을 배웠습니다. 90년 넘게 살면서 사는 것이 이렇게 재미있게 느껴진 건 처음이었어요.

그녀는 여행 시작 13개월 만에 아들 내외가 지켜보는 가운데 캠핑카에서 평온한 죽음을 맞이했다.

"사람들이 내 여행을 지켜보면서 삶을 마무리하는 방식에 대해서 생각해 보길 바랍니다."

그녀의 말은 다가올 죽음에 대해 깊이 사유해보는 것 자체가 웰다잉의 첫 단계임을 시사한다.

일본을 넘어 한국에도 조금씩 화제가 되고 있는 종활은 고령화가 진행되고 평균수명이 늘어나면서 죽음에 대한 우리들의 인식과 태도가 많이 달라졌음을 보여준다.

"남은 인생을 어떻게 살아가고, 어떤 죽음을 맞이할 것이며, 죽은 뒤에 무엇을 남길 것인가?"

여기에는 정답이 없다. 우리는 그저 각자의 가치관과 목적에 맞게 삶의 마지막을 기획하면 된다. 나는 이것이 숭고하고 가치 있는 작업이라고 생각한다.

우리 조상들은 생전에 죽음을 미리 준비했다. 예로부터 윤달에 수의를 마련하면 무병장수할 수 있다는 말이 전해진다. 그래서 조상들은 윤달에 자신의 수의를 짓거나 부모의 수의를 마련했다. 그렇게 함으로써 다가올 죽음을 대비하고, 남은 인생을 어떻게 살아야 할 것인가에 대해 생각했다.

비록 윤달은 아니지만 수의를 준비하는 마음으로 나에게 남은 마지막 시간을 준비해보자.

엔딩노트 이렇게 쓰라

마지막 준비는 신변 정리부터 시작해야 한다. 우선 비워내자. 언젠가는 쓸 수 있을 거라고 생각하면 하나도 버리지 못한다. 몇 년 동안 한 번도 입지 않고 옷장만 차지하는 옷, 먼지를 뒤집어쓴 채 책장에 꽂혀 있는 책들, 수많은 잡동사니들.

왠지 애착이 가고 놓아두면 언젠가 쓸모가 있을 것 같아 좀처럼 버리기 어렵다. 그럴 땐 불이 났다는 생각으로 최소한의 것만 남겨

두고 정리하자. 특히 가족에게 보이고 싶지 않은 것들이 있다면 지금 당장 처분하는 것이 좋다.

그리고 상속을 어떻게 할 것인가에 대해서도 생각하자. 우리 가족들은 사이가 좋으니 죽고 난 후에 다툼 없이 원만하게 상속이 이루어질 것이라고 믿는 사람들이 있다.

하지만 사이가 좋든 나쁘든, 물려줄 재산이 많든 적든 간에 유산 상속으로 인한 분쟁이 생길 수 있다. 내가 죽고 난 뒤 재산을 가지고 다투는 일이 없도록 상속을 어떻게 할 것인가 미리 생각해 두고 자식들에게 명확히 말해두어야 한다.

이 외에도 사후의 장례법, 화장을 할지 매장을 할지 여부, 부고의 범위 등 결정해두어야 할 사항들이 많다.

"아버지가 돌아가시면 화장을 할까요?"

"장지를 어떻게 할까요?"

"부고는 친구분들에게만 알리면 되겠죠?"

배우자나 자식들이 이런 말을 먼저 꺼내기는 쉽지 않다. 그러니 자기 인생의 마지막을 어떻게 할 것인가에 대해 먼저 이야기하자. 막상 일을 당했을 때 남겨진 사람들이 우왕좌왕하지 않고 차분하게 대처할 수 있도록 미리 생각을 정리해 놓는 것이 좋다. 이런 절차 등을 미리 기재해 두는 것이 '엔딩노트'다.

엔딩노트를 준비해 두면 좋은 점이 많다.

첫째, 내 의사를 명확히 전달할 수 있다. 예를 들어 병원보다 가족들이 지켜보는 가운데 조용히 재택임종을 맞이하고 싶다든가, 연명치료를 희망하거나 희망하지 않는다, 등 죽음에 대한 나의 의사를 말이 아닌 글로 표현할 수 있다.

둘째, 가족이나 주변 사람들이 우왕좌왕하거나 곤란을 겪지 않게 된다. 연명치료 여부를 정신이 말짱할 때 결정해 두면 가족들의 근심을 덜어줄 수 있다. 그리고 부고를 전하고 싶은 사람들의 리스트, 희망하는 장례식장, 장례 형식을 정해 놓고, 제단에 장식할 영정사진도 준비해 두면 당황하지 않고 장례를 치를 수 있다. 이외에 부동산 등기, 각종 보험증서, 주식, 통장 등에 대해서도 미리 정리해두면 가족들이 그것을 찾느라 애먹을 필요가 없다.

셋째, 사후 트러블을 미연에 방지할 수 있다. 장례를 검소하게 치르겠다거나 화장, 혹은 수목장을 하겠다 등의 내용을 배우자에게 구두로만 전해 놓으면 "장례식은 성대하게 해야 한다.", "수목장은 절대 안 된다."와 같은 친인척들의 간섭을 받을 수 있다. 하지만 엔딩노트에 나의 희망을 확실하게 적어 놓으면 이런 트러블을 미연에 방지할 수 있다.

엔딩노트에 들어갈 내용

- 가족 및 친인척 사항
- 부음을 전할 리스트
- 예금, 적금, 부동산 내용, 보험, 연금 등 자산명세
- 병력리스트
- 사전의료의향서
  - 회생 불가한 상황에서 연명치료를 할 것인가 여부
- 사전장례의향서
  - 장례법 및 절차
- 유언장
- 유품 정리 방법
- 가족 및 소중한 사람들에게 전하는 메시지

최근에는 자산가가 아니더라도 유언장을 쓰는 사람들이 늘어나고 있다. 그러나 애매하게 작성하면 법적인 효력을 가질 수 없으니 재산의 소유주나 주소 등을 확실하게 적어두자. 훗날 분쟁을 피하려면 미리 작성방법을 알아보고 정확하게 써야 한다.

많은 사람들이 유언장은 죽기 직전에 쓰면 된다고 생각한다. 하지만 그때는 판단력이 흐려질 수 있다. 또 그럴 힘이 남아 있지 않을 수도 있다. 사랑하는 가족들에게 마지막 작별의 인사말 한마디 못하고

저세상으로 가는 경우가 비일비재하다.

　아직 건강할 때 마음을 차분하게 가라앉힌 상태에서 내린 판단과 그 반대의 경우에 내린 판단에는 많은 차이가 있다. 그러니 유언장을 쓸 때는 충분히 생각할 시간을 가지고 냉정하게 작성하자. 그러면 사후에 가족의 우애와 화목을 지키고 슬픔을 덜어줄 수 있다.

　나도 엔딩노트를 미리 작성했다.

　장례법의 경우 화장을 원한다고 썼다. 그리고 장지는 전라남도 해남에 있는 선산으로 결정했다. 내가 죽으면 묻힐 위치가 정해져 있어서 그 자리에 직접 누워보기도 했다. 그런데 큰아들이 해남이면 너무 멀어서 어떻게 자주 성묘를 다니겠느냐고 반대한다. 장지 문제는 아무래도 좀 더 생각해봐야 할 것 같다. 나의 엔딩노트는 앞으로도 계속 수정되고 업데이트될 것이다.

　1장에서 언급한 바와 같이 나는 유쾌한 장례식을 꿈꾸어 온 만큼 내가 선곡한 음악을 틀어줄 것, 밝게 웃고 있는 영정사진을 걸어줄 것을 부탁했다.

　연명치료는 거부한다고 적었다. 가족들에게 전하는 메시지도 남겨 놓았다. 노력한다고 했는데 삶에는 늘 후회가 남는 것 같다. 엔딩노트 작성은 앞으로 가족들에게 더 잘해야지, 더욱 사랑해야지 하고 결심하게 된 소중한 계기가 되었다.

상실을 받아들이는 우리들의 자세

우리는 일상생활 속에서 여러 가지 스트레스를 경험한다. 하지만 죽음만큼 심한 스트레스는 없을 것이다.

사회학자 홈스와 내과 의사 레어가 스트레스 강도를 수치화한 '생활 변화 스트레스 척도' 결과를 보면 결혼이 50, 부부별거는 65, 이혼은 73, 배우자의 사망은 100이다. 이 결과를 통해서 알 수 있듯이 배우자를 잃은 스트레스는 다른 어떤 것과도 비교할 수 없는 큰 슬픔이다.

부부가 서로 의지하고 사랑하며 살다 한쪽이 저세상으로 먼저 떠나면 그 공허함과 고독감은 이루 헤아릴 수 없다. 여성은 남성에 비해 환경적응능력이 뛰어나기 때문에 남편을 잃더라도 남성보다 회복이 빠르지만, 남성은 무기력해지거나 기력이 쇠하고 과거에 깊이 매달리는 경향이 있다고 한다.

배우자를 잃었을 때 심리변화는 보통 5단계를 거친다.

1단계는 충격의 단계다. 사람이 큰 충격을 받으면 감정을 제대로 느끼지 못하기도 한다.

2단계는 부정의 단계다. '이건 꿈이야. 남편(아내)을 보낼 수 없어.' 이런 생각으로 죽음을 인정하지 않는다.

3단계는 분노의 단계다. 가족이나 의사를 향한 분노나 원망을 쏟아낼 수 있다.

4단계는 죄책감의 단계다. '나 때문에 남편(아내)이 죽었어. 내가 좀 더 잘했어야 했는데…….' 라는 생각으로 자신을 괴롭힌다.

5단계는 해결의 단계다. 상실로 인한 슬픔과 분노를 해소하고 배우자의 죽음을 받아들인다.

셰릴 샌드버그는 페이스북 최고운영책임자이자 실리콘밸리의 여성 중에서 가장 영향력 있는 인물이다. 미국의 경제잡지 《포브스(FORBES)》가 선정한 가장 영향력 있는 여성 12위에 랭크되는 등 승승장구하던 그녀는 어느날 갑작스럽게 남편을 잃었다. 남편이 심장 부정맥으로 사망한 이후 고통스러운 1년을 보낸 그녀는 2015년 버클리대학 졸업식에서 자신의 아픔을 털어놓았다.

남편 데이브의 죽음은 갑작스러웠습니다. 그가 죽은 후 짙은 안개 속에 잠긴듯한 비탄을 느꼈고, 숨을 쉬기조차 어렵고 생각도 할 수 없었습니다. 남편의 죽음이 저를 완전히 바꿔놓았어요. 사랑하는 이를 잃은 잔혹한 슬픔에 빠져 아무것도 할 수 없었죠. 하지만 삶이 나를 바닥으로 끌어 내리더라도 다시 박차고 올라올 수 있음을 알게 되었습니다. 그 어떤 시련이 닥쳐도 우리에게는 선택권이 있습니다. 저는 계속 슬퍼하는 대신 삶과 즐거움을 선택했습니다.

제 인생의 가장 큰 아이러니는 남편을 잃고 나서야 내 곁에 있는 사람들과 세상 모든 것에 더 깊이 감사할 수 있게 된 것입니다.

오늘은 우리에게 가장 귀중한 날입니다. 이 빛나는 하루를 기쁨으로 채우시기 바랍니다. 시련과 비극을 만나더라도 자신을 믿으십시오. 여러분에게는 '회복 탄력성'이 있습니다. 그것은 근육처럼 키울 수 있는 것입니다. 우리는 우리가 상상하는 것 이상으로 강한 존재입니다.

그녀의 연설은 사랑하는 이를 잃은 모든 이에게 큰 위로가 되리라 생각한다. 그녀는 또한 매일 밤 잠들기 전에 그날 하루의 3가지 기쁨의 순간을 작성하라고 조언했다. 그리고 이 간단한 실천이 자신의 삶을 바꾸었다고 말했다.

우리는 누구나 이별을 겪는다. 지나간 과거에 집착할수록 상실감은 커진다. 셰릴 샌드버그의 말처럼 우리에게는 회복 탄력성이 있다. 그러니 자신을 믿고 다시 삶을 향해 손을 뻗어야 한다.

내게는 얼마 전에 아내와 사별한 친구가 있다. 삶의 의욕을 찾지 못하고 방황하는 그가 너무 안타까워 이성 친구를 사귀어 보라고 말했을 정도다.

사랑을 잃은 상실감은 다시 사랑할 수 있는 대상을 찾을 때 극복된다. 물론 그 대상이 꼭 사람일 필요는 없다. 일이나 취미에 몰두해도 좋고, 봉사활동을 해도 좋다. 과거에서 벗어나 삶을 긍정적으로 받아들이고 오늘을 사랑할 수 있다면 무엇이든 상관없을 것이다.

   정신과 의사인 이근후 박사는 말했다.

   "홀로 남겨진 상황에 적응하기 위해서는 부부가 모두 생존해 있을 때부터 정신적인 준비가 필요하다."

   내가 먼저 죽으면 아내는 잘 살 수 있을까? 강한 사람이니 금방 극복하고 잘 살아갈 거라 믿고 있다. 내가 예상보다 일찍 죽음을 맞이하게 되더라도 아내가 쓸쓸한 삶을 살아가지 않길 바란다. 만일 아내가 허락하고, 내가 그럴 정신이 있다면 〈내 아내의 남자친구를 구합니다〉라는 공고를 내보내고 싶다.

   옛 로마에서는 원정대가 승리를 거두고 돌아와 시가행진을 할 때 행렬 가장 뒤에 있는 노예들에게 '메멘토 모리(Memento Mori)'를 큰소리로 외치게 했다. 메멘토 모리는 라틴어로 '죽음을 기억하라.'라는 뜻이다. 이것은 '전쟁에서 승리했다고 너무 우쭐대지 마라. 오늘은 개선장군이지만 너도 언젠가는 죽는다. 그러니 겸손하게 행동하라.'라는 의미에서 생겨난 풍습이라고 한다.

   그렇다. 이렇게 삶은 순환하는 것이기에 태어나면 누구나 죽는다. 겸손한 마음으로, 매 순간 감사하며 살아가자. 그리고 지금 내 곁에 있는 사람을 후회 없이 사랑하자.

내 장례식에 초대합니다

삼성그룹 창업주 이병철 회장은 누구보다 사람을 중시한 사업가였다고 한다. 그래서 그의 묘비에는 이런 글이 쓰여 있다.

"자기보다 현명한 인재를 모아들이고자 노력했던 사나이 여기 잠들다."

프랑스 소설가 스탕달의 묘비명은 짧고 강렬하다.

"살았다, 썼다, 사랑했다.(visse, scrisse, amò.)"

김수환 추기경의 묘비명은 이렇다.

"야훼는 나의 목자, 아쉬울 것 없노라."

유명한 사람들의 묘비명을 보면 그들의 삶의 태도를 엿볼 수 있다.

나는 어떻게 죽음을 맞이할 것인가에 대해 꽤 오래 고민했고, 그 내용을 엔딩노트에 기록했다. 하지만 이상하게도 아직까지 묘비명은 쓰지 못했다. 써보겠노라 늘 마음먹지만 여전히 어렵게 느껴짐을 고백한다.

대신 나는 장례식 초대장을 보내고 싶다. 친구에게 이 이야기를 했더니 부고장은 들어봤어도 초대장은 들어본 적 없다고 했다. 요즘은 부고도 보통 문자로 전한다. 아마 내가 죽으면 아들은 생전에 내가 정리해 둔 리스트에 있는 연락처로 이런 문자를 보낼 것이다.

저희 아버지 임영철님께서 ○○월 ○○일 향년 ○○세의 일기로 영면하셨습니다.
빈소 : 서울 ○○장례식장 ○○호   상주 : ○○○
발인 : ○○월 ○○일 ○○시   장지 : ○○○○공원

하지만 나는 이런 초대장을 보내고 싶다.

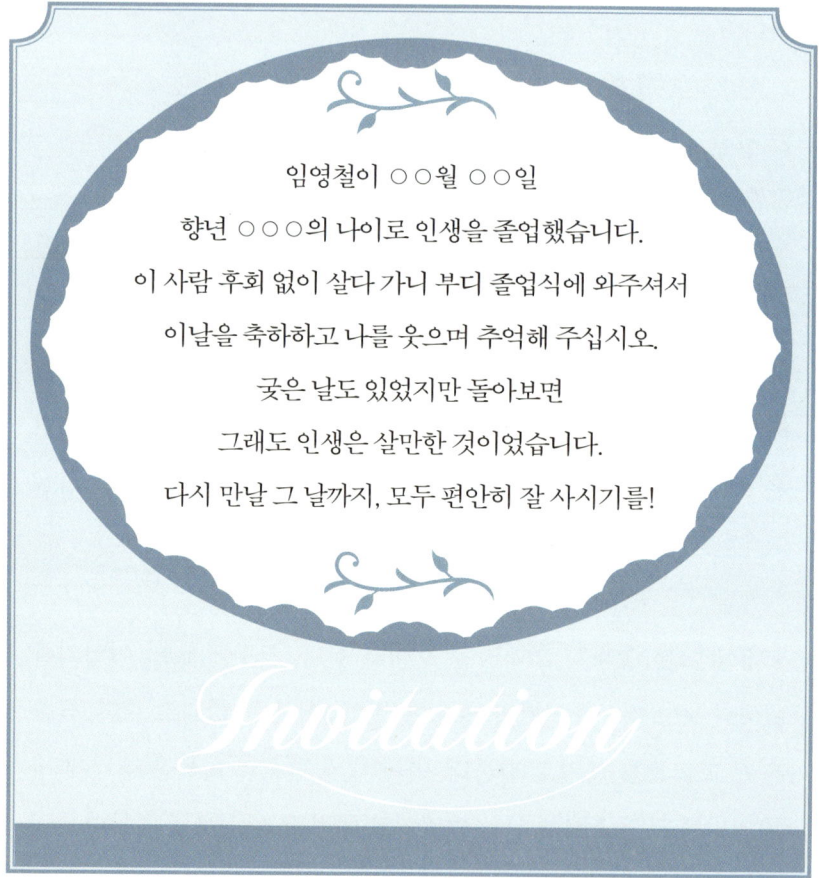

임영철이 ○○월 ○○일
향년 ○○○의 나이로 인생을 졸업했습니다.
이 사람 후회 없이 살다 가니 부디 졸업식에 와주셔서
이날을 축하하고 나를 웃으며 추억해 주십시오.
궂은 날도 있었지만 돌아보면
그래도 인생은 살만한 것이었습니다.
다시 만날 그 날까지, 모두 편안히 잘 사시기를!

나는 내 장례식을 학교 졸업식처럼 그동안 수고한 나 자신을 칭찬하는 자리로 만들고 싶다. 밝게 웃는 영정사진이 있고 비틀스의 노래가 흐르는 유쾌한 장례식 말이다.

한 가지 더 보태고 싶다. 내 장례식에는 장례식 복장 대신 화사한 옷을 입어주기를! 졸업을 축하는 자리에 검은색 옷을 입는 사람은 없지 않은가.

'재상집 개가 죽으면 문상객이 들끓어도 재상이 죽으면 문상객이 없다.'라는 옛말도 있는데, 내가 죽은 뒤 열리는 나의 인생 졸업식에 기꺼이 찾아와준 이들이 있다면 죽어서도 행복할 것이다.

'나는 어떤 사람으로 기억되길 원하는가?'

세상에 건네는 마지막 인사인 '장례식 초대장'을 작성하며 깊은 생각에 잠기게 되었다. 그리고 내 인생과 아름다운 작별을 할 수 있도록 후회 없는 하루하루를 살아야겠다고 다시 한번 다짐했다.

|에필로그

100세 시대를 위한 생활지침서

나이가 들면 세상이 어떻게 돌아가는지 조금은 보인다.

"지금 아는 것을 그때 알았더라면……."

이런 말로 젊은 날을 아쉬워하는 것은 그런 깨달음의 다른 표현일 것이다. 오로지 내 힘으로만 이루었다 여겼던 일도 돌아보면 여러 사람들의 도움 덕분인 경우가 많다. 시간의 강물을 따라 하나하나 드러나는 것들이 있고, 그것은 내게 감사와 겸손의 마음을 가르쳐준다.

이렇게 나이가 든다는 것은 깨달음의 과정인 것 같다. 또한 이 과정은 우리에게 리허설 없이 무대에 선 배우와 같은 두려운 마음을 갖게 한다. 노인이 되어보지 않고는 노인을 알 수 없다. 아니 노인이 되어서도 자신에 대해 모를지도 모른다.

  나이 듦을 젊어서부터 자각하고 준비하는 사람도 있지만 그렇지 않은 사람도 있다. 하지만 이미 나이가 들어 은퇴를 목전에 두고 노후를 어떻게 준비해야 할지 고민해 본들 사후약방문이다.

  노후 준비는 젊어서부터 미리 계획하고 대비해야 하는 것이다. 100세 시대를 향한 여정을 미리 가늠해보고 각 연령대별로 준비하자. 100세까지 잘 살다 죽는 일, 미리 준비하면 두렵지 않다.

  50대에 준비해야 할 것들이다.
  50대에는 편안한 노후생활을 보내기 위해 미리 계획하고 준비해야 할 것들이 많은 시기다. 특히 은퇴를 준비할 수 있는 마지막 단계인 은퇴 레드존(Retirement Red Zone, 은퇴 전 10년과 은퇴 후 5년)에서는 그 어느 때보다 신중한 노후 설계가 필요하다. 50대부터 경제활동, 건강관리, 취미생활, 지적활동, 죽음 대비 등을 미리 계획하고 준비해야 노후를 즐겁게 맞이할 수 있다.

  로마가 하루아침에 이루어지지 않았듯 노후 준비도 하루 이틀 만에 이루어지는 것이 아니다. 젊어서부터 철저하게 준비하지 않으면 안 된다. 설계도 없이 제대로 된 집을 지을 수 없고, 나침반이 없으면 나아가는 방향과 목표를 설정하기 힘들다.

노후라는 미지의 영역에 발을 내디디기 위해서는 나이 듦을 미리 자각하고, 준비해야 한다. 50대의 노후 준비는 노후생활의 예측 가능성을 높이고 향후의 운영 기준이 된다는 점에서 그 의미가 크다 하겠다.

60대에 해야 할 것들이다.

우선 60대는 아직 노인이라는 느낌이 들지 않는다. 현역으로 근무하는 사람도 많고, 일할 수 있는 여력이 남아 있기 때문이다. 하지만 은퇴한 사람은 현역 시절의 직함에서 벗어나야 한다는 것을 기억해야 한다.

사람은 누구나 어떤 직함을 갖고 퇴직하게 된다. 회장이나 사장도 있을 것이고 지점장, 상무 등 아랫사람을 거느리고 권력을 행사할 수 있는 위치에 있었을 것이다. 하지만 은퇴를 하면 과거의 직함을 잊어야 한다. 은퇴 후에도 현역 시절의 직함을 달고 다니면 비난을 받게 된다. 설 자리가 사라진다.

실제 직함 덕에 좋은 대우를 받고 살았던 여운을 떨쳐버리기는 쉽지 않다. 은퇴를 하면 전 직장, 전 직함과의 인연이 끝났는데도 여전히 미련이 남아있다. 이런 타입일수록 좀처럼 새로운 노선을 찾지 못하고 방황한다.

자기가 했던 일을 자랑하지 말고 겸손하게 이야기한다면 오히려 여유 있는 사람으로 보일 것이다. 하루라도 빨리 옛날 직함에서 벗어나 새롭게 걸어가야 할 노선을 찾아야한다.

70대가 되면 생각해 두어야 할 것들이다.

오래 살면 살수록 체력, 기력, 기억력은 물론 인맥 등 모든 것이 약해진다. 나이를 들면 들수록 잃을 것이 많아진다. 60대까지는 과거의 여운이 어느 정도 남아있다. 옛날 동료들도 대부분 아직은 건강하다.

그러나 70대에 접어들면 그 동료들이 빗살 빠져나가듯 하나둘 사라지기 시작하고 덩달아 인맥도 줄어든다. 영광의 여운은 사라지고 여광(餘光)은 점점 더 엷어진다. 나를 둘러싼 주변 조건도 열약해진다. 이런 악조건을 어떻게 극복할 수 있을까?

방법은 새로운 인맥을 개척하는 것이다. 나이가 들면 새로운 인간관계를 구축하기가 쉽지 않다. 동창회라든가, 친목회와 같은 편한 모임에만 얼굴을 내밀고, 과거에 한솥밥을 먹은 동료들만 만나려는 경향이 강해진다. 이런 모임은 멤버가 줄어들 뿐 절대 불어나지 않는다. 그 때문에 70대에는 적극적으로 친구의 외연을 넓히려는 노력이 요구된다.

60대는 여운으로 살아갈 수 있지만 70대는 여운으로는 살아갈 수 없다. 나를 지켜줄 방파제를 쌓듯 건강을 관리하고, 새로운 인맥을 만들고, 취미생활을 하고, 변화 문맹자가 되지 않기 위해 지적인 활동을 해야 한다.

80대가 되면 정리해 두어야 할 것들이다.
80대에 접어들면 서서히 신변 정리에 들어가야 한다. 부채는 두말할 것도 없고, 남겨두지 말아야 할 것들을 정리하자. 사람에게는 누구나 남에게 보이고 싶지 않은 것들이 있다. 불필요한 것들을 정리하고 처분하자. 나이를 들면 정리하기가 귀찮아지지만, 남아있는 사람들에게 폐를 끼치지 말자.
슬슬 저승사자가 올 것 같은 예감이 들면 자기가 죽고 난 다음에 살아 있는 사람들이 곤란하지 않도록 엔딩노트를 써놓자.
재산 분할이나 유산 때문에 고민하는 사람들이 많다. 가난한 생을 살았다고 해서 재산 관련 분쟁에서 자유롭다고 할 수 없다. 내가 죽은 다음에 가족관계가 삐걱거리지 않도록 미리 유언장을 써놓자. 유언장은 재산 분쟁을 예방하는 효과도 있다.

마지막으로 후회 없는 90대를 맞이하는 방법이다.
90대 이후에는 매일 감사하며 살아가자. 이만큼 살았다면 골치 아픈 문제들로부터 멀어져도 좋다. "아아, 오늘도 살아있구나."라는 생각으로 충분하다.

다른 사람은 걱정하지 말자. 90대까지 살았다면 언제 죽음을 맞이해도 좋다. 그 정도면 인생을 충분히 관조했다. 천수를 다한 것이다.

일본 속담에 '물새가 물가를 떠날 때는 흔적을 남기지 않는다.(立つ鳥, 跡を濁さず)'는 말이 있다. '떠날 때는 뒤처리를 깨끗이 하라.'라는 뜻이다.

인간사도 마찬가지다. 마지막이 가장 중요하다. 행복한 죽음으로 유종의 미를 거두고 떠나자.

No.
Date   /   /

| 부록

엔딩노트

신상명세서

이름	
생년월일	
혈액형	
주소	
이메일	
전화번호	
태어난 곳	

가족 및 친인척 사항

관계	이름	연락처(주소 및 전화번호)
배우자		
아들		
딸		

예금, 적금, 부동산, 보험, 연금 등 자산 내역

구분	회사명	내용
예금	○○은행	자유저축
부동산	○○아파트	101동 102호
보험	○○생명	종신보험, 암보험

구분	회사명	내용

병력리스트

병명	발병 일시	처방(시술·수술) 복용약

병의 치료를 위해 노력해야 할 사항(식이조절 및 운동)

사전 의료 의향서

나는 (이름:) 맑은 정신을 가진 성인으로서 나 스스로의 뜻에 따라 이 사전의료의향서를 작성합니다. 나의 건강이 회복 불가능한 상태가 되어 치료에 대한 나의 의견을 제시할 수 없게 되면 담당 의료진과 가족늘이 이 사전의료의향서에 기록된 나의 뜻을 존중해 주기 바랍니다.

1. 무의미한 연명치료의 거절(중지) 지시(복수 선택 가능)
나의 건강이 회복 불가능한 상태에서 생명유지 장치를 사용한 연명치료가 신체적·정신적 고통만 증가시키며 죽음의 과정을 무의미하게 연장한다면 다음 항목에서 선택한 시기에 아래와 같이 원합니다.

구분	내용	원합니다	원하지 않습니다
생명 유지 장치	생명유지장치의 사용		
	심폐소생술 시행: 심장과 폐가 멈추었을 때 가슴을 눌러 피를 몸으로 보내고 공기를 불어넣는 방법입니다.		
	강심제·승압제 투여: 심장의 박동 기능을 회복하는 약물, 혈압을 올리는 약물을 투여하는 방법입니다.		
	제세동기 적용: 전기자극을 이용하여 불규칙한 심장박동을 치료하는 방법입니다.		
	인공호흡기 적용: 기도에 관을 넣어 인공적으로 호흡할 수 있도록 도와주는 방법입니다.		
통증조절 조치	신체적·정신적 고통을 줄이는 의학적 조치		
인위적인 영양 공급	위나 장으로 삽입한 튜브나 혈관을 통한 영양 공급		

다만 위의 경우에도 별도 요청이 없는 한 체온 유지, 욕창 예방, 배변·배뇨 도움, 수분·영양 공급과 같은 청결하고 편안하게 지낼 수 있는 조치는 원합니다.

2. 적용 시기 선택(복수 선택 가능)
나의 건강이 다음과 같은 상태에 이르면 다음 항목의 선택에 따라 실행하여 주기 바랍니다.

구분	내용	선택
뇌기능의 심각한 장애	호흡과 체온 유지 등을 담당하는 뇌의 기능에 심각한 장애가 있으며, 그 회복이 불가능하고, 단기간 내에 죽음을 맞이할 가능성이 높은 것으로 의료진이 판단한 경우	
질병 말기	질병의 말기 상태로, 건강 회복이 불가능하고 단기간 내에 죽음을 맞이할 가능성이 높은 것으로 의료진이 판단한 경우	
노화로 인한 죽음 임박	특정 질병 없이 노화로 몸의 모든 장기와 조직이 기능을 다하여 단기간 내에 죽음을 맞이할 가능성이 높은 것으로 의료진이 판단한 경우	

이상은 연명치료에 대한 나의 바람이니 이를 꼭 따라 주기 바랍니다.

작성일자:

작성자 이름/서명:

사전 장례 의향서

나에게 사망진단이 내려진 후 나를 위한 여러 장례의식과 절차가 내가 바라는 형식대로 치러지기를 원해 나의 뜻을 알리고자 이 사전장례의향서를 작성한다. 나를 위한 여러 장례의식과 절차는 다음에 표시한 대로 해 주기 바란다.

구분	내용	선택
부고	나의 죽음을 널리 알려주기 바란다.	
	나의 죽음을 알려야 할 사람에게만 알리기 바란다.	
	나의 죽음은 장례식을 치르고 난 후에 알려주기 바란다.	
장례식	우리나라 장례문화를 바르게 이해하고 전통문화를 계승하는 차원에서 해주기 바란다.	
	나의 장례는 가급적 간소하게 치르기 바란다.	
	나의 장례는 가족과 친지들만이 모여 치르기 바란다.	

구분	내용	선택
장례형식	전통(유교)식	
	천주교	
	기독교식	
	불교식	
	기타 ( )	

구분	내용	선택
부의금 및 조화	관례에 따라하기 바란다.	
	일체 받지 않기 바란다.	

구분	내용	선택
음식대접	음식 등을 잘 대접해 주기 바란다.	
	간단히 다과를 정성스럽게 대접해 주기 바란다.	

구분	내용	선택
염습	정해진 절차에 따라해 주기 바란다.	
	하지 말기 바란다.	

구분	내용	선택
수의	사회적인 위상에 맞는 전통 수의를 입혀주기 바란다.	
	검소한 전통 수의를 선택해 주기 바란다.	
	내가 평소에 즐겨입던 옷으로 대신해 주기 바란다.	

구분	내용	선택
관	사회적인 위상에 맞는 관을 선택해 주기 바란다.	
	소박한 관을 선택해 주기 바란다.	

구분	내용	선택
시신처리	화장해 주기 바란다.	
	매장해 주기 바란다.	
	수목장해 주기 바란다.	
	내가 이미 약정한대로 의학적 연구 및 활용을 목적으로 기증하기 바란다.	
	기타 ( )	

화장	매장	수목장
봉안장	공원묘지	
자연장	선산	
해양장		
기타 ( )		

구분	내용	선택
삼우제와 사구재	격식에 맞추어 모두 해 주기 바란다.	
	가족끼리 추모하기 바란다.	
	하지 말기 바란다.	

영정사진	
제단장식	
배경음악	
기타	

이상은 장례의식과 절차에 대한 나의 바람이니 이를 꼭 따라 주기 바랍니다.

작성일자:

작성자 이름/서명:

유품 정리 방법

구분	내용
책	도서관 기증
패물	손녀딸에게 선물

유언장

유 언 장

이름:

생년월일:

주소:

작성일자:

이름/서명:

장례식 초대장

Invitation

나의 장례식에 초대합니다

_____
_____
_____
_____
_____
_____
_____

나의 묘비명 :

초대하고 싶은 사람들과 연락처

관계	이름	연락처
친구		
회사동료		

관계	이름	연락처

가족 및 소중한 사람들에게 전하는 메시지

To.

To.

To.

To.

To.

To.